主 编 郭 樑

副主编 黄文辉 解红岩

清 风 华 影

（第二版）

清华大学出版社

北京

作为一本清华名师大家照片集，本书收录了百年清华在社会的政治、经济、科学、教育、文化事业中有重要影响的已故知名校友40人的照片共计900余幅，每人配以2000字左右的小传，展现了他们的清华情与人生路。

图书在版编目（CIP）数据

清风华影 / 郭樑主编 . -- 2 版 . -- 北京：清华大学出版社，2013
ISBN 978-7-302-31877-4

Ⅰ . ①清…　Ⅱ . ①郭…　Ⅲ . ①清华大学—名人—列传—摄影集　Ⅳ . ① K820.6-64

中国版本图书馆 CIP 数据核字（2013）第 070727 号

责任编辑：王巧珍
封面设计：曲晓华
责任校对：王凤芝
责任印制：沈　露

出版发行：清华大学出版社
　　　　　网　　址：http://www.tup.com.cn，http://www.wqbook.com
　　　　　地　　址：北京清华大学学研大厦 A 座　　邮　编：100084
　　　　　社总机：010-62770175　　　　　　　　邮　购：010-62786544
　　　　　投稿与读者服务：010-62776969，c-service@tup.tsinghua.edu.cn
　　　　　质　量　反　馈：010-62772015，zhiliang@tup.tsinghua.edu.cn
印　装　者：北京亿浓世纪彩色印刷有限公司
经　　销：全国新华书店
开　　本：165mm×240mm　　印　张：29　　　字　数：583 千字
版　　次：2011 年 4 月第 1 版　2013 年 4 月第 2 版　印　次：2013 年 4 月第 1 次印刷
印　　数：1～2000
定　　价：106.00 元

产品编号：053603-01

序言：

百年清华忆故人

　　清华立校，定下"自强不息，厚德载物"校训，这两句来自《周易》乾、坤二卦的象辞，成为一代又一代清华人的座右铭，规范着一代又一代清华人为人治学的行为，塑造出一代又一代的国家精英。

　　我虽为清华学子，但与始建清华的老一代清华人相比，自惭形秽。在 40 位收载于本书的清华校友中，我比较熟知的有梅贻琦、朱自清、闻一多、周培源、吴晗、费孝通、钱三强、华罗庚、吴有训、赵九章、汤佩松等，他们是我的师辈或师兼友，是我治学为人的榜样。

　　2008 年 1 月 8 日，时任中共中央总书记、国家主席、中央军委主席胡锦涛向获得 2007 年度国家最高科学技术奖的中国科学院院士吴征镒颁奖。（新华社马占成摄）

梅贻琦校长在西南联大时，集成北大、清华、南开的教授们，在昆明这个并非平静的抗战后方，办起一流的大学，育学子千百，后多成国家栋梁，在中国教育史上是一件堪称丰碑的大事。抗战时期，教师、学生驱寇保家的热情，毋庸置疑；抗战胜利后，渴望和平，反对内战的学运更是如火如荼。梅校长对待学运如蔡元培校长一样兼容并包，视学子如儿女，赢得教授们、员工们和学生们的理解、支持，也是梅校长处世待人高尚风格的体现。

朱自清先生出生于海州，长大于扬州，1946 年他写了一篇《我是扬州人》的散文，我和朱先生还是同乡呢！朱先生扬州八中毕业，扬州八中就是扬州中学的前身，这样我们还是扬州中学先后入学的校友。1933 年，我赴沪上考清华，意学生物，那年的国文考试有一篇写游记的试题，我根据自己在扬州、镇江、无锡、苏州等地郊游旅行的感悟，仿照王维《山中与裴秀才迪书》的意境和格调，写了一篇短游记交卷，谁知判卷的竟是朱自清先生。或许我写下的这篇短游记正好中了他当时正在写《欧游杂记》的"房师"的意想，朱老师给了我一个较高的分数，助我如愿考上清华大学。抗战胜利，复员北平，在"反内战、反饥饿"的学潮中，他参加签名，声援学运，热情洋溢。朱先生倾心编纂《闻一多全集》完稿后，心力交瘁，极度衰弱，这位"宁可饿死，也不领美国救济粮"的铮铮铁汉，因胃穿孔不治与世长辞。朱先生是中国现代文学史上的大师巨匠，永远是后继者的楷模。

我早识闻一多先生，但最为难忘的有二：一是和闻一多先生一道在南迁的"湘黔滇旅行团"度过的三个月。1937 年，我清华生物系毕业留校任助教，北大、清华、南开在长沙成立临时大学，而长沙已面临焦土抗战，风雨飘摇，朝不保夕。学校决定分三路迁往昆明，能步行的组成"湘黔滇旅行团"前往昆明。那年，我刚满 21 岁，也算辅导团的一员，与闻一多、李继侗等师辈朝夕相处，闻师"长髯飘洒"，一路用画笔记日记。我们曾在荆棘蔓草丛生的公路边围坐小憩，讨论时局；既曾共尝过一叶扁舟渡过盘江的艰辛，也曾在昆明大板桥溶洞口石上闲话，还共在昆明大观楼唐继尧铜像下忆旧闲适。二是抗战胜利后，在昆明"一二•一"运动中，闻先生在风雨如晦的岁月里"拍案而起"，与国民党反动派进行面对面的斗争。继李公朴先生遇害后，闻师也惨遭迫害，被枪杀于家门口。各界群情激奋，时年 47 岁的闻师倒下了，千百万师生站起，让我激情写下"暗夜风雷讯，前军落大星。轻生凭赤胆，赴死见年青。大法无纲纪，元凶孰典刑？"的悼句。闻师"前脚跨出门，后脚就不准备跨进大门"以身殉职的伟大精神，永远鼓舞着我前进。

1960 年，周培源师与师母及其女儿一道来昆，访问昆明植物所，在办公室接待周师一家，昆明面晤，十分亲切。我们谈及抗战期间在昆明遭受日本飞机轰炸一起逃难的往事，回忆周师与陈岱孙、李继侗二师在昆明西山倒石头下小村合住一个农家小院的旧事。周师任北大校长前，我曾奉教育部之命到燕南园家中劝驾赴任。

我和吴晗相识于西南联大，他和闻一多都是民盟的骨干。经闻一多、吴晗的介绍，

湘黔滇旅行团教师辅导团成员合影。自左至右：李嘉言、毛应斗、李继侗、许维遹、黄钰生（黄子坚）、闻一多、袁复礼、曾昭抡、吴征镒、郭海峰。

先是参加"十一学会"，时常参与读书讨论。1945年，他们介绍我加入中国民主同盟。吴晗是我思想和行动加入革命行列的引路人。我在北京植物研究所任副所长时，吴晗任北京市副市长，为了植物园选址事，他亲自陪同我们在北京各地选址，非常关心科学事业建设。后来历经坎坷，吴晗含冤而故，他为之奋斗和建设的新中国，适逢改革开放的盛世，国家展现在世界之林，可告慰生死因缘、一门忠烈的吴晗一家。

费孝通先生和我属同时代的清华人。早年他与夫人一道到广西作社会考察，就崭露头角了。西南联大时期，我和他的老师李景汉先生一道到滇西作过考察。在民盟里，我和费孝通经常在昆明唐家花园读书会一起学习讨论。"文革"之后，费孝通先生来到昆明，我们在昆明植物研究所会面，愉快交谈。

中科院成立初期，我和华罗庚、赵九章都在科学院工作。1953年，我们一道参加科学院代表团赴苏联访问，由西伯利亚大铁路达莫斯科，访问基辅、列宁格勒、新西伯利亚城、塔什干，接触过众多的苏联科学研究所。华罗庚、赵九章是名士派，所到各所，看在眼里，记在心里，我则是有闻必录。考察回国后，我们又一起在长春作总结，历时一月整。

吴有训是科学院初期的副院长，他和竺可桢都是我敬重的老领导。吴副院长平易近人，到院里开会，时有机会见面或交谈，印象深刻。

钱三强从法国留学归来，时北平学运活跃，他投入学运之中，我们是在学运中相识。在中国科学院建院初期，他任院计划局局长，我的好友王志华任副局长。到科学院办事，免不了要向他们二位汇报植物研究所的情况，时有会面。三强的夫人何泽慧到昆明来，我们也常相聚。

汤佩松年长我13岁，是我的老师、领导和学长。汤师出自名校、名门、名师，是我国植物生理学的先驱之一。在植物的呼吸作用、光合作用和固氮作用三方面都有新创建。在北京的植物研究所，我们是同事。他体魄健壮，思维敏锐，是一位很称职的所长，对植物所的建设和发展功不可没。

我是出生在九江，长大在扬州，成人在北京，终身是昆明的典型的"三门"（家门、学校门、机关门）干部。信奉的格言是：博学之、审问之、慎思之、明辨之、笃行之，与清华校训"自强不息，厚德载物"一脉相承。清华百年校庆之际，将百年学府的文史巨匠、科学泰斗汇聚于《清风华影》之中，为后继者奉送一份珍贵的历史的鲜活形象，将有益于让所有清华人都铭记先驱的功绩，让所有清华人都铭记"自强不息，厚德载物"的校训。我年至九十有五，欣逢母校百年校庆，幸哉！愿与所有清华人一道，在校训的指引下，随时代步伐前进。

是为序。

中国科学院院士 吴征镒

2010年9月1日于昆明

目　录

梁启超

（1873.2.23—1929.1.19）

字卓如，号任公，又号饮冰室主人。

广东新会人。

近代启蒙思想家，政治家，学者。

梁启超

　　早年因与康有为共倡变法维新，合称"康梁"。他16岁（1889年）中举，17岁开始接触西学，拜康有为为师，以其卓越的才华，成为"万木草堂"弟子中杰出的一个。1894年，他旅游京师，耳闻目睹中国在甲午战争中失败的种种状况，"惋愤时局，时有所吐露"。翌年，他进京参加会试，又值中日议和，中国以甲午之败而向日本割地赔款，激起爱国知识分子的义愤，他同康有为一起发动在京应试的1300多名举子向光绪皇帝上万言书（史称"公车上书"），提出拒和、迁都、变法等主张。同年，他会同汪康年、黄遵宪等人在上海创办《时务报》，担任主笔，积极为变法维新作舆论准备，所著《变法通议》等文思想明快，议论畅达，开一代之文风。1897年任湖南时务学堂总教习，次年以六品衔办译书局。戊戌政变失败后，他亡命日本，办《清议报》，主张"斥后保皇"。其后又办《新民丛报》，推崇改良主义，曾与孙中山的《民报》展开论战，政治上逐步走向保守。辛亥革命后，1913年年初他自海外归国，出任共和党党魁，不久又组织进步党，并任北洋政府的司法总长。1915年对袁世凯谋复辟帝制婉词劝阻，进而策动蔡锷组织"护国军"反袁。袁去世后，他又曾参与讨伐张勋复辟的活动。张勋失败后，他曾出任段祺瑞内阁的财政总长。1917年年底，他发表声明退出政界，辞职回天津，深居简出。

　　1918年赴欧洲游学。"五四"时期，追求资产阶级新文化，赞同民主与科学。1920年，支持张东荪与马克思主义者论战。

　　梁启超最早接触清华，是在1914年11月来校作讲演。他的讲题为《君子》。引《周易》中乾、坤二卦的象辞："天行健君子以自强不息"，"地势坤君子以厚德载物"，以勉励少年学子们树立"完整人格"。他说："乾象言君子自励，犹天之运行不息，不得有一暴十寒之弊。……坤象言君子接物度量宽厚，犹大地之博，无所不载。……"他这次演说对清华优良学风和校风的形成产生了深远的影响。这以后，学校即把"自强不息，厚德载物"八字定为校训（亦称校箴）。同年秋，第一次世界大战爆发，梁启超于11月30日来清华"假馆著书"，住工字厅西客厅（现藤影荷声之馆），取名"还读轩"，大约间断住了10个月。1917年1月10日，梁启超应邀再来清华讲演，他这次讲了三方面问题：为人、作事、修学之道。他说：为人之道，心不要为五官四肢之奴隶，"禽兽无心作主，专受五官四肢之支配，故为禽兽；人而不能反省，不能克己，则为自己五官四肢之奴隶矣。身奴于人，尚可拯救，惟自心作五官四肢之奴隶，则不可救药矣"。从1920年12月2日起，梁启超开始在清华系统讲学，讲题为"国学小史"。连续讲50余次，他只"取讲《墨子》之一部分，略删定之，得六万言，名曰《墨子学案》印行成书"。

1922年2月，他被聘为清华学校的讲师，安排了系统教程，如"五千年史势鸟瞰"（后辑成为《中国历史研究法》之第二部）、"中国韵文里头所表现的感情"（共十四篇）、"中国学术史"（后成《中国近三百年学术史》一书），并且对校政开始有所指议。1922年3月，他应清华学生之请为《彻底翻腾的清华革命》（《清华周刊特刊》）写了一篇序言，对校事提出五条建议：1.改组董事会；2.组织实务的校友会；3.经费完全独立，由董事会管理，不必再经外交机关之手；4.缩减留美经费，腾出财力，办成一完美之大学；5.希望积极地预筹资金，为18年（按即1939年）后赔款终了时维持学校生命之预备。1923年2月21日，他又应《清华周刊》记者之请，更详尽地谈了他对清华学校发展的各方面的展望和建议。

1925年秋，曹云祥敦请梁启超任国学研究院研究教授（通称"导师"）。9月8日，梁启超到院就职，住清华北院。梁启超在研究院所负责之普通讲演课程有"中国文化史"、"读书法及读书示例"、"儒家哲学"、"历史研究法"等；指导学科有"中国文学史"、"中国哲学史"、"宋元明学术史"、"清代学术史"、"中国史"、"史学研究法"、"儒家哲学"、"东西交通史"、"中国文学"等多门。

1. 梁启超 1900 年摄于澳大利亚。

2. 梁启超 47 岁时摄于巴黎寄与二弟梁启勋的照片，左上角有梁启超亲笔题字。

梁启超

1925 年 9 月，梁启超在《清华周刊》第 350 期上发表《学问独立与清华第二期事业》一文，再次系统地评说校是，着重谈到清华之设立大学部和国学研究院与中国学术独立之关系。他说："一国之学问独立，须全国各部分人共同努力，并不希望清华以独占。但为事势便利计，吾希望清华最少以下列三种学问之独立自任：1. 自然科学——尤注重者生物学与矿物学；2. 工学；3. 史学与考古学。"在这篇论文里，他还系统论述了治学法、避免洋八股等问题。

1925 年 9 月 23 日，梁启超开始讲"治史方法"，之后又讲"要籍解题及其读法"，入冬又讲中国文化史社会组织篇，次年春因病而未完成。后又讲"儒家哲学"，编为《儒家哲学》一书。就在这年，他发肾病，在协和医院动手术，割去一肾。1926 年春，开始讲"读书示例"，同时抱病继续写《中国文化史》。

1927 年上半年，梁启超在燕京大学讲"古书真伪及其年代"。同年 5 月，他已病得无力撰稿，乃令学生速记并将所讲编为讲义，集为《中国历史研究法补编》一卷。

1928 年起，梁启超肾疾加剧。于 5 月末，"收同学论文评阅竣事，即辞回天津养病"。但仍不肯完全休息，"犹著辛稼轩年谱以自遣"。于 1929 年 1 月 19 日病逝，终年 56 岁。

梁启超是我国杰出的学者之一。在我国近代教育与学术发展史上占有重要的位置。他去世后，友人林志钧编辑出版了《饮冰室合集》，共 148 卷，约 700 万字。

1. 梁启超主笔或创办的报纸等。
2. 梁启超（前排左 1）、谭嗣同（右 1）、汪康年（后排左 1）等合影。

3

4

3. 梁启超 1902 年摄于加拿大温哥华。

4. 1906 年，梁启超与长女梁思顺（右 1）、长子梁思成（左 1）、二子梁思永（右 2）于日本东京。

5. 康有为评点的梁启超诗稿。

5

梁启超

1. 1919年，梁启超（前排中）、蒋百里（前排左2）、丁文江（后排左2）等在法国参加巴黎和会时留影。

2. 1910年，梁启超抱着两岁的二女梁思庄（左）和三岁的三子梁思忠（右），摄于日本。

3. 20世纪20年代初，梁启超（左）与梁思庄（中）、林徽因（右）同游长城。

丙寅夏張亦勳先生自滬上莊敬部
梁任公師率清華研究院同學茶

會于北海松坡圖書館此留茶后誌紀
念承新慰吾快事堂

4

萬木草堂詩集

門人新會梁啓超手寫

南海先生詩集卷之三

吾授徒於粵城所居曰萬木草堂自憂國上書
首請變法事既奇創不達而歸絕意時事以講
學箸書自娛及亦箸新學偽經考被劾先遭焚
書避地而游於羅浮桂林又再講學於桂門人
每進馬自庚寅至丁酉八年間隱居粵中及游
桂之作都為萬木草堂詩集所作既少散佚尤
甚此集與都中之作同在壯年一歲中每相出
入但以地別以記行藏志事之殊焉凡浮七十

5

4. 丙寅夏梁启超（前排左5）与清
   华研究院同学在北海松坡图书馆
   合影。
5. 梁启超手书《南海先生诗集》。

梁启超

清风华影

1. 20世纪30年代梁家津门旧居饮冰室外观。中间窗内为梁启超的书房。

2. 1924年，梁启超（右2）接待来华访问的印度著名诗人泰戈尔（左2）。

3. 梁启超与二子梁思永（右）、四子梁思达（左）摄于20世纪20年代。

4. 梁启超与三子梁思忠（右）着泳装摄于北戴河。

5. 梁启超在写作。

1. 梁启超 55 岁像。

2. 梁启超 56 岁留影，这是他一生最后一张照片。他寄给大孩子们每人一张，并分别题字。

3. 1956 年，陈叔通宴请梁启超夫人王桂荃及梁家在京子女。前排左起：思成、陈叔通、思顺、王桂荃；后排左起：思达、俞雪臻、思懿、思礼、思庄、李福曼、陈蕙（陈叔通之女）。

参考文献

1. 吴荔明：《梁启超和他的儿女们》，北京，北京大学出版社，2009。

2. 丁文江、赵丰田编：《梁任公先生年谱长编》（初稿），北京，中华书局，2010。

王国维

（1877.12.3—1927.6.2）

字静安、伯隅，号观堂、永观。

浙江海宁人。

国学大师。

王国维

　　1892年（光绪十八年）考中秀才。1896年到上海，学习日、英、德等国语言文字，并攻数理科学。继而醉心哲学，对康德、叔本华、尼采之学皆有所得，对心理学、社会学亦甚喜爱。1903年至1905年先后担任通州（南通）、苏州师范学堂教习，讲授哲学、心理学、逻辑学等课，著有《静安文集》。《红楼梦评论》一文，开我国用西方文艺哲学观点研究《红楼梦》的先河。1903年撰《教育之宗旨》，提出：德育、智育、美育"三育并行而得渐达真善美之理想，又加以身体之训练，斯得为完全之人物，而教育之能事毕也"。他是中国教育史上倡导德、智、美、体四育并重的第一人。1907年进京，担任学部图书局编辑，从事中国戏曲史和词的研究，著有《曲录》、《宋元戏曲考》、《人间词话》等。辛亥革命后避居日本，潜心研究甲骨文、金文和汉简，成就惊人。郭沫若说："他的甲骨文字的研究，殷周金文的研究，汉晋竹简和封泥的研究，都是划时代的工作。"1916年回国，在上海为英籍犹太人哈同编撰《学术杂志》，并兼任仓圣明智大学教授。1923年应召到北京，担任逊帝溥仪的"南书房行走"（即教师），食五品俸禄。1924年年底，溥仪被逐出故宫，王国维滞留北京。此时，他已是载誉国内外的国学大师。

　　北京清华学校在新文化运动的推动下，于创办大学部的同时，亦着手筹办研究院国学门，创立了后人所称的"清华国学研究院"。王国维于1925年2月征得溥仪的同意后，接受清华的聘请，4月至校任研究教授。

　　清华国学研究院"以研究高深学术，造就专门人才为宗旨"。其教学分"普通演讲"（即课堂讲授）和"专题研究"（即指导学生进行专题研究）。王国维任经史小学导师，第一年开设的普通演讲有"古史新证"、"说文"、"尚书"、"最近二三十年中国新发见之学问"，第二年又增讲"仪礼"等课。指导学生进行专题研究的范围是：《尚书》本经之比较研究，《诗》中状词之研究，古礼器物之研究，《说文》部首之研究，卜辞及金文中地名或制度之研究，诸史中外国传记之研究，元史中蒙古色目人名之划一研究，慧琳《一切经音义》之反切与切韵反切之比较研究。

"古史新证"一课，是以其前几年发表的《殷卜辞中所见先公先王考》、《殷商制度论》、《三代地理小记》等为基础，讲述中注入自己的治学方法，从9月开讲到放寒假结束，整整讲了一学期，后来整理成《古史新证》一书，石印行世。该书"总论"中说："吾辈生于今日，幸于纸上材料外，更得地下之新材料，由此种材料，我辈固得据以补正纸上之材料，亦得证明古书之某部分全为实录，即百家不雅训之言，亦不无表示一面之事实。此'二重证据法'，惟在今始得为之。"王国维首创的这种以实证史，又以史证实的古史"二重证据法"，不仅使其受业弟子深受教益，培养出一批史学大家；且得到史学界的广为采用，一时间成果斐然，极大地推动了古史研究工作。

王国维在清华国学研究院执教的两年多，正是他精力饱满，学业成熟，著作彪炳之年。他的学术研究，由"耶律文正年谱"、"长春真人西游记注"而转入"西北地理"和"蒙古史"的研究，致力于四裔（四方边远之地）金石文献的考释，先后完成了《西辽都城虎思斡耳朵考》、《书禺商氏所藏散氏盘墨本后》、《月支西徙大夏时故地考》、《辽金时蒙古考》、《盂鼎铭考释》、《克鼎铭考释》、《宋代之金石学》、《金界壕考》、《鞑靼考》、《蒙古考》、《黑车子室韦考》等四十多篇著述。1926年4月，经清华学校校长曹云祥批准，"王静安先生丛书付印五百部"。丛书为《蒙古史料四种校注》，包括：《圣武亲征录校注》一卷，《长春真人西游记注》二卷，《蒙鞑备录笺证》一卷，《黑鞑事略笺证》一卷，附《鞑靼考》一卷，《辽金时蒙古考》一卷，由清华国学研究院印行。清华国学研究院办公室又为他辑订了"清华学校研究院讲义"（油印本一册），汇集了他在清华教学和研究的重要成果。

1927年6月1日，清华国学研究院第二届学生毕业典礼后，下午举行"师生叙别会"，

1. 1925年，刚刚担任清华研究院导师的王国维。

2. 王国维先生坐像。

王国维

清
风
华
影

1. 王国维海宁盐官镇故居。

2. 王国维（右）与姬觉弥（中）、邹适庐（左）合影。

3. 1916年，王国维（左）与罗振玉摄于日本京都。

王国维在会上谈论"蒙古杂事甚畅"。晚间看完学生试卷，写一纸遗书藏于怀中。遗书写道："五十之年，只欠一死，经此事变，义无再辱。"翌日晨，到颐和园，自沉于昆明湖，结束了生命。

王国维学贯中西，博大精深，一生著作等身。据1927年的统计，著译之书62种，手批手校之书192种，在哲学、文学、史学、古文字学、考古学，以及美学和教育学诸方面均有重要创见。逝世后，罗振玉编选出版了《海宁王忠悫公遗书》，1940年又有赵万里与王国华合编的《海宁王静安先生遗书》问世，1983年上海古籍出版社又将1940年版本影印发行，书名《王国维遗书》。王国维被誉为中国"新史学的开山"。

3

王
国
维

清风华影

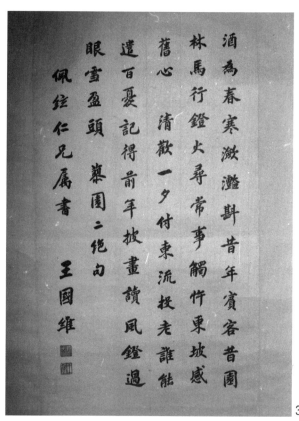

1. 王国维致辞铎信。

2. 1925年，清华研究院部分教师合影，前排右起：赵元任、梁启超、王国维、李济；后排右起：梁廷灿、赵万里、章昭煌。

3. 王国维题诗赠朱自清。

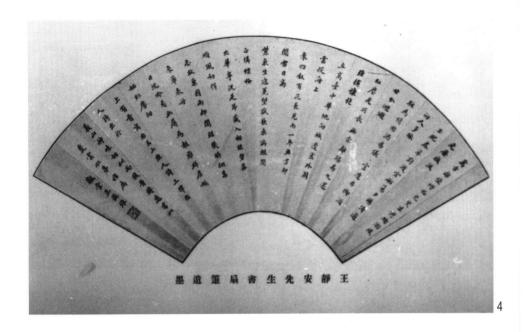

4. 王国维遗墨。

5. 1926年夏,清华研究院第一届学生毕业时师生合影于清华园。前排右5起:赵元任、王国维、梁启超、梅贻琦。

王国维

清风华影

舊德醉心如美酒

新篇清目勝真茶

星莊先生法鑒

王國維

1

2

3

4

5

1. 王国维手迹。

2. 1990 年 10 月 19 日，王国维五子王慈明（左）、女儿王东明（中）、六子王登明（右）重访清华园旧居。

3. 2007 年 11 月，王国维先生诞辰 130 周年暨国际研讨会在浙江海宁举行，图为参加会议的王国维孙辈合影。左起：王令之、王令尔、王五一、王庆山。

4. 2007 年 11 月，王国维女儿王东明（中）和其儿子（左）、侄孙（右）在台北家中合影。

5. 2007 年 3 月，在四川成都颐养天年的王国维五子王慈明（前）。

6. 1927 年 6 月 1 日王国维留给儿子的遗书。

1

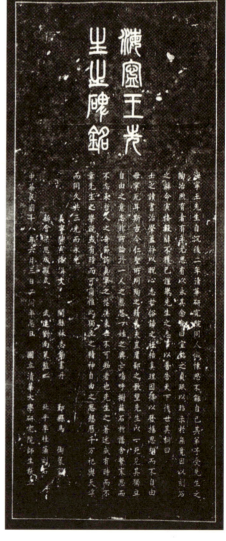

2

1. 清华园内王国维纪念碑。1929 年清华研究院师生募款建立。碑文是陈寅恪所撰，碑式为梁思成所拟。
2. 陈寅恪所撰王国维先生纪念碑文。

参考文献

1. 张连科：《王国维与罗振玉》，天津，天津人民出版社，2002。
2. 罗继祖主编：《王国维之死》，广州，广东教育出版社，1999。
3. 陈鸿祥：《王国维传》，南京，江苏文艺出版社，2010。

马约翰

（1883.10.10—1966.10.31）

福建厦门鼓浪屿人。

体育家，体育教育家。

马约翰

1904年，考入上海圣约翰大学预科学习，两年后升入本科，攻读了生理、运动生理、体育卫生和医学等学科。1911年在该校毕业，获理学士学位。1911年至1914年在上海青年会夜校执教。1914年秋，应聘到北京清华学校任教。1914年到1919年任体育部助教及化学课助教。因其体育见长，到校三月，即被学校举为北京体育协进会代表，并被推为该会评议员，开始了他献身全国体育事业的活动。1919年5月，作为评选委员会成员，他曾参加在马尼拉举行的第四届远东奥林匹克运动会。1921年和1927年，他参加了在上海举行的第五届和第八届远东奥林匹克运动会。在后一届赛会上，他出任田径委员会主席兼足球委员会及运动法委员会委员。1926年任清华教授。1926年至1937年，膺任清华学校和清华大学体育部主任。1930年4月，担任中国参加远东运动会的全国选手总教练。1936年，作为中国田径总教练，他参加了在柏林举行的第十一届世界奥林匹克运动会，会后到苏联和欧洲各国考察。1938年至1946年，任昆明西南联大体育部主任。1946年到1952年，任清华大学体育部主任。1949年前后，曾任美国体育研究会会员。1952年全国高等院校院系调整后，担任清华大学体育教研组主任，直到1966年去世。1949年10月和1952年6月，他两度当选为全国体育总会副主席，1956年10月，被遴选为全国体育总会主席。1953年9月，中央人民政府任命他为国家体委委员。1954年9月至1966年10月连任第一、第二、第三届全国人民代表大会代表。1959年和1965年曾两度膺任第一届和第二届全国运动会总裁判。

马约翰是一位热忱的爱国主义者。他热爱祖国，热爱青年，誓雪被西洋人蔑称我中华民族为"东亚病夫"之耻。早年的清华学校，每年都要选送数十名青年学生赴美国留学。他认为，这些学生都在相当程度上代表着中国，不能是文弱书生，更不能被外国人诮为"东亚病夫"。所以他很早就主张加强体育教育，增强学生体质。

他的这种思想是前后一贯并身体力行的。他自幼酷爱体育运动，并且终生坚持体育锻炼。在上大学期间，他就是学校足球、网球、棒球和田径等代表队之主力。

1905年，他参加上海"万国运动会"，获一英里赛跑冠军。1910年，参加中国第一届全国运动会，获880码赛跑冠军。他在长期体育训练实践中，根据田径、球类等项运动的特点，编制了数十套徒手操。他认为，动是健康的源泉，要坚持天天动；锻炼要有适当的运动量，要持久，要全面，要多样化，不盲目锻炼。在他的主持下，清华大学体育部确定了体育应"以提倡各种运动，促进生理上的健康，训练身体各部的合作、并使个性有适当表现，同时养成良好品性的习惯为目的"。学校规定，体育课四年都得必修，"体育不及格，不得毕业"。在课外，则采取强迫运动的方式。每天下午四点到五点，所有的教室、实验室、图书馆和宿舍都关闭，促使学生走上运动场去活动。他还大力提倡体育的普及，在体育的普及中，特别强调一种体育精神，即"普遍的、活跃的、自动的、勇敢的精神，强调'奋斗到底，绝不松劲'（Fight to the finish and never give in！）的精神"。

1

马约翰在体育理论上也有独到的建树。1919年至1920年和1925年至1926年，他两次赴美国春田大学进修，写下了他的名著《体育的迁移价值》（*Transfer Value of Athletics*）。这是他主要的具有代表性的论著。1950年又在《新体育》上发表《我们对体育应有的认识》一文。他从生物科学和社会科学方面论述了体育的教育作用，有力地说明了体育的价值不仅是锻炼身体，更是培养健康的心灵；身心健康才是体育教育的真正宗旨。他在授课中说："我觉得体育的成功，最重要的在于培养人格，补充教育的不足，教你们注意自己，怎样保护身体，Take care of yourself，培养一种'奋斗！奋斗！奋斗！'的精神。负责任，帮助别人。体育是培养人们健全人格最好的工具，美得很，美得很！"人们还经常见到他在操场的跑道上，紧握拳头，举起胳膊，对正在奋力拼搏的学生激动地说："快！

2

1. 1911年，马约翰获上海圣约翰大学学士学位。
2. 1914年来清华任教时的马约翰。

马约翰

快！Do your best!"他说："人之进步，基于竞争，竞争愈烈，进步愈速，此定理也。"人生既是这样，体育比赛当更是这样。通过积年累月的体育比赛，这种思想已成为清华学人的优良传统品质。

新中国成立以后，他认真贯彻毛泽东主席"发展体育运动，增强人民体质"的指示，对提高我国运动水平，强健人民体质作出了重大贡献。以他为首的清华大学体育教研组，按照学校提出的"健康地为祖国工作五十年"的奋斗目标，积极而科学地训练学生，普遍地提高了学生的健康水平，使清华学生很早就通过了"劳卫制"锻炼标准，并取得了体育比赛的优异成绩。1959年清华第一次夺得了北京高校田径运动会男子总分、女子总分和团体总分三项冠军，以后又连续四年夺得三个总分第一名，并有少数项目打破国家纪录和接近世界纪录，有11人获得"体育健将"称号。1964年1月，适逢马约翰到清华工作五十年之机，学校师生代表二百余人举行茶会敬致祝贺。蒋南翔校长致词说："鹤发童颜、步履矫健、精神奕奕的马约翰先生，本身就是提倡体育运动的一个活榜样。他在一个工作岗位上孜孜不倦地坚持工作半个世纪……成为我国体育界的一面旗帜。"

1. 1932年，马约翰（后排左1）与清华足球队。

1933十月,自清華園到南京!
全國運動會之清華隊。 2

2. 1933 年 10 月,到南京出席全国运动会之清华队。后排左 1 为马约翰。

3. 1934 年,清华大学体育部全体教师合影。前排中为马约翰。

3

马
约
翰

清
风
华
影

1. 1964年，马约翰与家人在清华大学胜因院住所。前排左起：孙女马宁、马鸣珂，孙子马迅；中排：马约翰夫妇；后排左起：儿子马启平夫妇、女儿马佩伦、儿子马启伟夫妇。

2. 马约翰与夫人在清华大学胜因院住宅前。

3. 1945年冬，西南联大师生联队合影。后排左起：马约翰、王英杰、牟作云、王维屏。

4. 马约翰的子女们。左起：马懿伦、马启华、马启伟、马佩伦、马懋伦、马启勋、马谱伦、马启平。

5. 20世纪50年代，马约翰骑车在清华园。

1. 1958年，75岁高龄的马约翰获北京市网球男子双打冠军，并获"国家一级运动员"称号。这是他在练习网球。

2. 20世纪60年代，马约翰与清华大学青年教师一起备课。

3. 1958年，清华大学校领导及学生干部与优秀运动员合影。其中有：蒋南翔、艾知生、马约翰、张孝文、何介人、夏翔、王英杰、杨道崇、张慕葦、谭浩强、张益、崔鸿超等。

4. 1959年，清华大学校庆举行校运动会，马约翰与优秀运动员交谈。右2起：马约翰、李作英、蓬铁权、吴文虎。

5. 1961年7月23日，年近八旬的马约翰在住宅前练习太极剑。

6. 1960年10月3日，以阿尔巴尼亚劳动党中央委员、阿尔巴尼亚人民共和国部长会议副主席、阿中友好协会主席阿卜杜勒·凯莱齐为首的阿中友协代表团访问清华，马约翰陪同校领导接待来宾。左起：马约翰、刘仙洲、凯莱齐、蒋南翔。

马约翰

1. 1965年秋，周恩来同志宴请老专家时与马约翰亲切握手。

2. 1960年，清华体育教研组教师游颐和园，马约翰（后排右5）与部分教师合影。

3. 马约翰辅导教师鞍马动作。

4. 马约翰给学生们讲锻炼的要领。

5. 蒋南翔（右）、荣高棠（中）在马约翰（左）八十寿辰会上与他亲切交谈。

1. 马约翰给运动员讲课。

2. 马约翰在全国工人运动会上讲话。

3. 1963 年 9 月 28 日，马约翰向打破自行车全国赛车场纪录的清华学生张立华表示祝贺。

参考文献

1. 清华大学《马约翰纪念文集》编写组：《马约翰纪念文集》，北京，中国文史出版社，1998。

2. 鲁牧：《体育界的一面旗帜：马约翰教授》，北京，北京体育大学出版社，1999。

周诒春

（1883.12.29—1958.8.30）

又名贻春，字寄梅。

祖籍安徽休宁，生于湖北汉口。

教育家。

周诒春

1903年上海圣约翰大学毕业，留校任教。1907年被授予学士学位。同年自费赴美留学，先后获耶鲁大学文科学士和威斯康星大学硕士学位。1909年返国，1911年，参加清廷留学生考试（相当于科举时代的会试），授进士，点翰林（当时社会上称这科翰林为"洋翰林"），出任上海复旦公学心理学、哲学教员。辛亥革命后，任南京临时政府外交部秘书，并曾担任孙中山的英文秘书。

1912年5月，周诒春任清华学校副校长兼教务长。1913年8月，校长唐国安病逝后，他接任校长。周诒春在清华服务前后近6年，任校长4年又3个月。

着眼于民族教育独立，他最先提出把清华改办成独立大学的计划。1916年4月，他呈文外交部，请逐渐扩充学校，设立大学部，并拟出"理想的清华大学建筑图样"。他向北京政府外交部陈述了添办大学的三项理由：第一，"可增高游学程度，缩短留学年期，以节学费"；第二，"可展长国内就学年限，缩短国外求学之期，庶于本国情形不致隔阂"；第三，"可谋善后，以图久远"。最后他归结说："综此三端，皆为广育高材，撙节经费，藉图久远之大计。"为了实现"改大"宏图，他积极进行物质方面的准备。清华园内的"四大建筑"——图书馆、科学馆、体育馆、大礼堂，就是从1916年起由他主持擘划并动工兴建起来的。

对于教育学生，他强调"我清华学校历来之宗旨，凡可以造就一完全人格之教育，未尝不悉心尽力"。他"提倡德育，端品励学，增进其自治之基"。他对学生进行爱国思想教育，常说："群策群力，同气同声，以达救国之目的"；"同学当国步维艰之日，均宜存餐风冒雪之志，以苦学自励"，"今日之中国，外患纷乘，万事待理，不有人起而任之，将何以为国是，不得不望诸同学"。他教育"游美学生需以学问经济为目的，切不可以学位为目的也"。"择业不当贪货利、骛虚名，当以：（1）天性之所近，（2）国家所急需，及（3）造福于人类为准绳。"他教育学生说："社会事业何谓乎？以有余之时间，有余之财力，有余之心思，谋他人之幸福之谓也。"

他还是体育运动的积极倡导者。他认为："同学当具少年峥嵘奋发有为之气，万不可有老暮儇弱之象。"在他任校长期间（特别是中后期），在马约翰等体育教师的辅助下，为后来一直被历代校友引以为骄傲的清华体育奠定了坚实的基础。学校要求学生每天下午四点至五点要走出教室进行体育锻炼（俗称"强迫运动"），就是在他的任内（1913年）规定的。他在清华任校长时，已开始成为社会上有资望的人物。1914年，他就是全国体育竞进会的副会长。

1917年，周诒春遭无端诬陷，被迫辞职。当时校内师生十分气愤，劝周持"止谤莫如自修，不予置辩"的态度。但周以"既遭时忌，愿让贤能，特向外交部辞职"。1918年1月，他终于离开清华。离校那天，"有全体员工拍照纪念，各生均着制服，擎枪致敬"。

周诒春离清华后，先在天津暂住。入春后，去上海，旋去法国游览。这一年，他的母校上海圣约翰大学举行建校40周年纪念，授予他名誉博士学位。

1919年他任中国华洋义赈总会的华方司库，曾代表赈会到南洋各地向爱国华侨宣传防灾、劝募捐款，"裨益会务尤为显著"。

1921年后，任中孚银行总经理兼北京分行经理，1924年任中华教育文化基金会董事，先后主持扩建北京图书馆和创办静生生物研究所的工作。后于1929年至1939年间以教育界著名人士身份被聘为协和医学院的"托事"之一，并被公推为托事会常务委员会主席。他主持"京津防痨协会"以及后来的"国际救济委员会"，京津两地的结核病防治所就是由京津防痨协会创设的。1935年，出任国民政府的实业部次长。1938年任贵州省府委员并先后兼农村合作委员会委员长、财政厅厅长，贵阳花溪清华中学董事长。1945年后，历任国民政府文官处咨议、农林部部长、卫生部部长等职。1948年去香港。

中华人民共和国成立后，周诒春于1950年回北京。1956年被增补为第二届全国政协委员。1958年8月30日在上海病逝，享年75岁。

1. 周诒春于1916年。

2. 周诒春于1918年。

周诒春

035

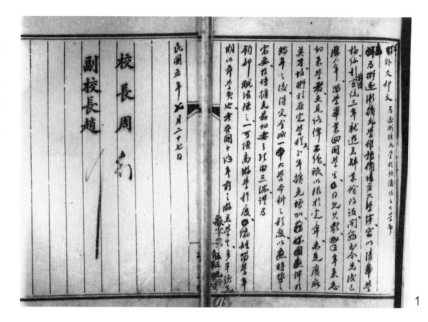

1. 1916 年，周诒春就改办大学事宜和外交部往来信函。

2. 1915 年，周诒春（前排中）和清华的教职员工合影。

3. 1918年周诒春离职，清华学校全体师生依依送别。

4. 1919年前后周诒春与家人。右起：长子周寿康，周诒春，三子周华康，父亲周聿修，长女周丹凤、次女周珊凤，夫人胡怡爱抱四子周耀康、次子周佑康。

清风华影

1. 1938年，周诒春在贵阳清华中学操场讲演。

2. 1927年，清华同学会骑河楼新会所落成纪念。前排右3为梅贻琦、中为周诒春、右6为曹云祥，2排左3为朱自清，后排左3为陈岱孙。

清華同學會新會所落成紀念
十六年十二月二十五日在北京騎河樓三十九號

3. 1935 年至 1936 年，周诒春夫妇和子女们。前排：周诒春、胡怡爱；后排右起：周华康、周珊凤、周佑康、周耀康。

4. 1946 年，周诒春和三子周华康一家。

5. 1957 年，周诒春夫妇与三子周华康（后排左 2）、次女周珊凤（后排右 2）家人在北京合影。

1

3

1. 台湾新竹清华大学内为周诒春立"寄梅亭"。

2. 晚年周诒春。

3. 周诒春关心家乡休宁的建设。1916年，周村村后黄岗山被外来移民乱砍滥伐，肆意开山挖地，造成自然生态、水土资源受到严重破坏，影响到水利安全和税收。时任清华学校校长的周诒春得知家乡这一情况，特意致函休宁县，引起了县里重视，立了"奉县示禁"碑。碑文上有"清华学校校长周诒春禀称"、"洪宪元年即民国五年一月立"等字样。（该碑现存休宁县中国状元博物馆）

（周诒春先生照片由其外孙女李之清女士提供，版权归李之清所有。）

梅贻琦

（1889.12.29—1962.5.19）

字月涵。

天津人。

教育家。

梅贻琦

曾长期在清华大学任教，担任校长 17 年，对 20 世纪三四十年代清华大学和台湾新竹清华大学的建设和发展，都作出了重大的贡献。

梅贻琦 1909 年考取清华学校的前身——游美学务处招收的第一批庚款留美生，10 月赴美留学，翌年入伍斯特理工学院（W.P.I.），读电机工程学系，1914 年毕业，获工学士学位。是年回国，先到天津青年会工作。1915 年，到清华学校任教，先后讲授数学、英文、物理等课程。1926 年，被推为清华学校教务长，负责全校的教务，发表了《清华发展计划》、《赠别大一诸君》、《清华学校的教育方针》等文章，开始展现其治校的思想与才能。

1928 年，清华学校发展为国立清华大学，梅贻琦被派往美国，担任"清华留美学生监督"。1931 年"九一八事变"后不久，梅贻琦应召回国，出任清华大学校长。他接任校长后，先后发表了《就职演说》、《关于体育比赛》、《关于组建工学院等问题》、《大学的意义及学校之方针》、《教授的责任》、《清华一年来之校务概况》、《致全体校友书》、《回顾与前瞻》等一系列文章，全面阐发了他的教育思想。他认为："师资为大学第一要素"，"大学之良窳，几乎全系于师资与设备充实与否，而师资为尤要。"他十分重视教师的主导作用，多次向全校师生讲述"所谓大学者，非谓有大楼之谓也，有大师之谓也"的办学至理，积极延聘国内外著名学者来校执教，团结全校教职员共同致力于学校之发展壮大。中文系主任朱自清深有所感地说："在清华服务的同仁，感觉着一种自由的氛围，每人都有权利有机会对学校的事说话。"在梅贻琦的主持下，清华大学充实了师资队伍，增设了工学院，扩充了实验设备和实验室，创办了农业、航空等特种研究所，广泛开展了与国际学术界的联系和交流，还聘请了冯·卡门、维纳、华敦德、哈达玛等国际上第一流的学者来校作长期或短期讲学。他认为："办学校，特别是办大学，应有两种目的，一是研究学术，二是造就人才。"他积极倡导学术研究，扩充创办学术刊物；重视体育运动，提倡智育、德育、体育、群育并重。清华大学在短短几年里，办成了一所包括 4 个学院、16 个系、10 个研究部，在国内外颇有影响的著名学府。

1937年"七七事变"后，学校南迁，先在长沙，后又到昆明。他仍是清华大学校长，且以此身份出任由清华、北大、南开三校组合的西南联合大学常务委员会的常务委员，主持联大的日常校务工作。他在主持西南联大期间，发表了《大学一解》、《抗战期中之清华》、《时局与教育》、《对战后清华发展之理想》等文章，进一步阐述了他的教育思想。他团结具有不同历史，不同校风的清华、北大、南开三校师生，在政治、经济、物质生活条件都极端艰难的情况下，齐心协力，"为一体，如胶结。同艰难，共欢悦。联合竟,使命彻"（联大纪念碑碑文语）。经全校师生的惨淡经营，联大发展很快，不到三年便成为一所设有文、理、法商、工和师范5个学院26个学系的著名学府，为国家培养了大批人才。其间，清华大学的农业、航空、无线电等特种研究所也有很大发展，为后来建立农学院和航空工程学系打下了基础。

1940年，美国伍斯特理工学院授予梅贻琦名誉工程博士学位。

1946年10月，清华大学复员回到北平清华园。梅贻琦于1941年曾说过："在这风雨飘摇之秋，清华正好像一个大船，漂流在惊涛骇浪之中，有人正赶上驾驶它的责任，此人必不应退却，必不应畏缩，只有鼓起勇气，坚忍前进。虽然此时使人有长夜漫漫之感，但吾们相信，不久就要天明风定。到那时，我们把这船好好开回清华园。到那时，他才能向清华的同人敢告无罪。"他率领清华师生，把这船好好开回了清华园。清华大学复员后，他发表了《复员后之清华》、《工业化的前途与人才问题》等文章，详细阐述了他对战后教育事业的设想。到1948年12月，清华大学已发展为一所设有文、理、法、工、农5个学院26个学系的全国著名学府。

1. 在美国留学时期的梅贻琦（约1914年）。
2. 梅贻琦复员返北平后留影（1947年）。

梅贻琦

043

梅贻琦为人谦和，知人善任。他常以"吾从众"自许，遇事多与有关人员相商后而定。在同仁祝贺他在清华服务 25 年的贡献时，他说："清华近些年之进展，不是而亦不能是一个人的原故，是因为清华还有这很多位老同事，同心合力地去做，才有今日。"接着，他将校长比喻为京剧里"正中端坐"、"王冠齐整、仪仗森严、文武将官前呼后拥"的"王帽"，他说：其实好戏"并不要他唱"。形象而生动地讲出了广大教职员在办学中齐心合力的重要作用，其谦逊品德可见一斑。

梅贻琦对于日本帝国主义对我国的侵略，曾喊出"仇深事亟，吾人宜更努力灭凶夷"，并批评国民党当局"以拥有重兵的国家，坐视敌人侵入，毫不抵抗，诚然勇于内战，怯于对敌，何等令人失望"。但他对当时风起云涌的学生爱国救亡运动尚不以为然。1935 年"一二·九"抗日救亡运动爆发后，他接连发出"告同学书"，劝学生"迅即复课，勿使学业久荒"。1945 年昆明爆发反内战、争民主的"一二·一"运动后，12 月 24 日他在昆明举行记者招待会阐述事实真相，力斥暴徒行凶杀人暴行。抗日战争期间，梅贻琦加入国民党，1945 年 5 月当选为国民党第六届中央执行委员会委员。

梅贻琦于 1948 年 12 月 14 日清华大学解放前夕离开学校，到了南京。于 1949 年去瑞士参加联合国教科文组织的会后去了美国。1955 年由美国去中国台湾，开始用清华基金筹办"清华原子科学研究所"。1958 年，出任台湾"教育部部长"，仍主持清华原子科学研究所（后来发展为新竹清华大学）。

梅贻琦 1962 年 5 月 19 日病逝于台北，终年 73 岁。

1

1. 在美国伍斯特理工学院学习时与中国同学合影（约1912年），中坐者为梅贻琦。

2. 1920年大女儿梅祖彬出生不久，梅贻琦、夫人韩咏华一家三口合照。

3. 梅贻琦（右2）从欧洲回国时在轮船上与同学合影（约1922年）。

2

3

1. 1930年，梅贻琦夫妇及三子女在华盛顿故居草坪上。

2. 1929年，梅贻琦（右）在美国任清华留学生监督时与友人何培源（左）、张伯苓（中）合影。

3. 1932年国立清华大学校务会议成员。左起：叶企孙、陈岱孙、冯友兰、梅贻琦、杨公兆、张子高。

4. 母亲七旬寿辰梅贻琦与兄弟姊妹恭祝合影（1932年）。前排中为梅贻琦母亲，后排左3为梅贻琦。

1. 20 世纪 30 年代梅氏五兄弟摄于北平。左起：梅贻宝、梅贻璠、梅贻琦、梅贻琳、梅贻瑞。

2. 1935 年校庆日梅贻琦校长于清华园。

3. 1935 年梅贻琦与清华同仁游北京妙峰山合影。左起：冯友兰、韩咏华、冯友兰夫人、王明之夫人、顾毓琇、梅贻琦、潘光旦，蹲者：冯钟辽、梅祖彦。

4

5

4. 抗战时期西南联大清华领导人合影。右起：叶企孙、冯
   友兰、吴有训、梅贻琦、陈岱孙、潘光旦、施嘉炀。

5. 西南联大举行报告会，梅贻琦主持会议。

梅贻琦

1. 1939年，梅家在昆明东寺街住所合影。前排左起：梅祖芬、梅祖彦、梅祖彬、梅祖杉；后排左起：梅贻琦、韩咏华、梅祖彤。

2. 1946年，清华复员北上离昆明前梅贻琦与夫人韩咏华在府甬道宿舍合影。

3. 清华大学1947年校庆，四位领导聚首。左起：昆明师范学院院长查良钊、北京大学校长胡适、清华大学校长梅贻琦、南开大学秘书长黄子坚。

4. 1947年梅贻琦与夫人在北平郊外。

5. 1947年梅贻琦与夫人在清华园故居。

6. 20世纪40年代梅贻琦在办公室。

7. 1945年在昆明联大时期的梅贻琦。

梅贻琦

清风华影

1. 1947 年梅贻琦与外孙毛匡琦。

2. 1953 年梅贻琦（右2）夫妇与赵元任（左1）夫妇及友人合影。

3. 1948 年元旦，清华学生代表到梅贻琦（右4）住所拜年。

TH463 1948年元旦，清华学生代表到梅校长住所贺年祝福
右起：梅贻琦校长（右4）陈士荃训导长（右5）梅夫人（右6
吴泽霖教务长（右7. 戴眼镜）

张祖道 北平 1948.1.1

4. 梅贻琦与早期清华校友在一起。前排右起：胡适、梅贻琦、赵元任；
　　后排右起：浦薛凤、杨锡仁、周象贤、李鸣合、陈伯庄、程远帆。

5. 1961 年梅贻琦（坐者）与胡适（右）同在台大医院住院。

1. 1974年，梅贻琦夫人韩咏华（右2）回国受到邓颖超（左1）亲切接见。右3为梅贻琦之子梅祖彦。

2. 1961年，梅贻琦在台大医院示意性启动原子反应堆。

3. 梅贻琦遗物中仅存的日记本及账本。

4. 1980年4月27日清华大学校庆日，梅贻琦夫人韩咏华（中）在
清华主楼前与家人合影。后排右3为其子梅祖彦，前排右2为儿
媳刘自强。

1. 1988年8月28日，梅贻琦夫人韩咏华95岁生日与祝寿亲友合影。

2. 1989年4月29日，梅贻琦诞辰百年铜像揭幕仪式上，梅夫人（前排中）与陈岱孙（前排左1）、汤佩松（前排右1）、赵访熊（后排左1）、施嘉炀（后排左2）、夏翔（后排右1）合影。

（梅贻琦先生照片由其儿媳刘自强教授提供，版权归刘自强所有。）

陈寅恪

（1890.7.3—1969.10.7）

江西修水人。

史学家。

中国科学院哲学社会科学部委员。

陈寅恪

1909 年毕业于上海复旦公学，后游学欧美，先后就读于德国柏林大学、瑞士苏黎世大学、法国巴黎高等政治学校、美国哈佛大学。在哈佛大学时，习梵文和希腊文，成绩优异，与汤用彤、吴宓一同被称为"哈佛三杰"。1921 年，离美再度赴德，入柏林大学研究院，研究梵文及东方古文字。陈寅恪学贯中西，博古通今，通晓多种世界各国语文，拉丁、英、法、德、俄、西、日等语文外，蒙古文、藏文、阿拉伯文、印度梵文、巴利文、突厥文、波斯文、暹罗文、匈牙利文无不通晓，甚至一些已不再使用的"死亡"文字如西夏文等也能破解。吴宓后来说："宓于民国八年在哈佛大学得识陈寅恪，当时即惊其博学而服其卓识。驰誉国内友人，谓'合中西新旧各种学问而统论之，吾必以寅恪为全中国最博学之人'。今时阅十五六载，行历三洲，广交当世之士，吾仍坚持此言，且喜众人之同于吾言。"

陈寅恪于 1925 年在德国游学时，应清华国学研究院之聘，1926 年 7 月到校担任研究教授。他在清华国学研究院讲演的课有"西人之东方学的目录学"、"梵文——金刚经"等；指导学生进行专题研究的范围是：年历学（中国古代闰朔日月食之类），古代碑志与外族有关系者之比较研究，摩尼教经典与回纥文译本之研究，佛教经典各种文字译本之比较研究（梵文、巴利文、藏文、回纥文及中亚诸文字译本与汉文译本之比较研究），蒙古满洲之书籍及碑志与历史有关系者之研究等。其间发表的著述有：《大乘稻芊经随听疏跋》、《有相夫人生天因缘曲跋》、《须达起精舍因缘曲跋》、《童受〈喻鬘论〉梵文残本跋》、《元代汉人译名考释》、《敦煌本唐梵翻对音般若波罗蜜多心经跋》等，所撰《观堂先生挽词并序》，"述事详确，造语又极工妙"，为王国维哀挽词中之最佳作；《王观堂先生纪念碑铭》中，阐发思想自由之义谛，以明其志。

1929 年，清华国学研究院结束，陈寅恪改任清华大学历史、中文两系合聘教授。他常开的课程有："魏晋南北朝史"、"隋唐五代史"、"佛经文学"、"禅宗文学"。还为文科研究所开设的专题研究课有："世说新语研究"、"唐诗校释"、"魏晋南北朝史专题研究"、"隋唐五代史专题研究"。在授课之余，他精研群籍，史、集部外，并及佛典，而梵文、南北朝隋唐制度则是其研究的重点。

1937 年"七七事变"后，清华大学南迁。他作为清华大学教授相继执教于长沙临时大学和昆明西南联合大学，讲授"魏晋南北朝史"和"隋唐史"，并为研究生开出"白居易"等课。1939 年春，英国牛津大学聘他为汉学教授。暑假后赴香港，拟去英一面讲学一面治疗眼疾。因第二次世界大战未能成行，9 月由香港返回昆明，仍执教西南联大。《己卯秋发香港重返昆明有作》诗中，有"残剩河山行旅倦，乱离骨肉病愁多"之句，表其忧国忧民的爱国心声。1940 年 3 月，去重庆参加中央研究院会议。其时，物价飞涨，生活艰苦，有"淮南米价惊心问，中统银钞入手空"诗句。暑假后，复去香港待机赴英，因战事滞留香港，就任香港大学客座教授。1941 年 12 月，日军侵占香港，陈寅恪只得闲居，生活十分困难，但拒不接受敌人的"关照"。有一次，不明身份者给他送去一些面粉，来者往他屋里搬，他和夫人就往外推，坚持不收。他闭门读书写书，至次年春校读《新唐书》三遍。1942 年 5 月，由香港经广州湾返回内地，6 月底抵桂林，任广西大学教授。1943 年 8 月，离桂林，年底至重庆，去成都应燕京大学之聘，担任历史教授，同时仍兼任中央研究院研究员。1944 年年末，由于生活艰苦，体质衰弱，营养不良，以至双目失明。1945 年夏有《五十六岁生日三绝》诗吟其不幸遭遇，第一首写道："去年病目实已死，虽号为人与鬼同。可笑家人作生日，宛如设祭奠亡翁。"

1945 年 8 月，日本无条件投降，抗日战争胜利结束。陈寅恪闻讯无比欢欣，有《乙酉八月十一日晨起闻日本乞降喜赋》诗，一吐其"闻讯杜陵欢至泣"，"喜心题句又成悲"的心情。是年秋，英国牛津大学复约其往任首席汉学教授，并治眼疾。到英后眼疾治疗无效，于 1946 年春

1. 青年陈寅恪。

2. 陈寅恪抗战前摄于北平北海公园。

陈寅恪

辞去牛津大学汉学教授，乘船经美回国。此时，清华大学已复员回到北平清华园。陈寅恪到北平，执教于清华大学，清华、北大共为其聘三位助教，帮他查阅资料和抄写书稿。1948年，被选为中央研究院院士。他反对内战，盼望和平，在《丁亥除夕作》一诗中写道："杀人盈野复盈城，谁挽天河洗甲兵。至德收京回纥马，宣和浮海女真盟。兴亡总入连宵梦，衰废难胜钱岁舰。五十八年流涕尽，可能留命见升平。"诗情哀而意切。

1948年12月，北平临近解放，清华园闻枪炮声，陈寅恪携家人入城暂住，旋即乘机飞南京，复去上海，接受岭南大学的聘请，去广州担任该校历史教授。此后，台湾大学校长傅斯年"屡电催赴台"，未从而留在广州岭南大学。1952年高校院系调整，岭南大学停办，中山大学迁入其校址，陈寅恪从此任教于中山大学。1954年春，国务院派原在清华担任过他的助教的汪篯专程去广州，接他来京出任科学院哲学社会科学部历史研究所第二所所长，他坚辞不就。1957年春节，撰春联"万竹竞鸣除旧岁，百花齐放听新莺"。1955年被选聘为中国科学院哲学社会科学部委员。他是第二届全国政协委员和第三、第四届全国政协常委。

1958年以后，陈寅恪不再授课，专力于学术著作。"文革"中受到迫害，1969年10月7日含冤逝世，享年79岁。有《隋唐制度渊源略论稿》、《唐代政治史述论稿》、《元白诗笺证稿》、《柳如是别传》、《寒柳堂集》等著作行世。

1. 陈寅恪祖父陈宝箴领诸孙合影于江西南昌（1899年）。左起：陈方恪、陈寅恪、陈覃恪、陈宝箴、陈封可（陈衡恪子）、陈衡恪、陈隆恪。

2. 1904 年日本留学时的陈氏
   三兄弟。右：陈衡恪，中：
   陈寅恪，左：陈隆恪。

3. 1925 年 4 月，陈寅恪摄于
   德国柏林。

陈寅恪

清风华影

1. 1929 年 4 月，陈寅恪、唐筼夫妇在北平姚家胡同三号。
2. 1931 年春，陈寅恪带长女陈流求在中山公园赏牡丹。

3. 1936年春，陈寅恪夫妇（右1、
   右2）与诸兄妹陪同父亲陈三立
   （右5）游北平吴氏海棠园。

4. 1935年秋，陈寅恪与长女陈流求
   在清华园新西院36号丝瓜藤前。

陈
寅
恪

1. 1939 年秋陈寅恪全家在香港。左起：陈小彭、陈寅恪、唐篔、陈美延（前小童）、陈流求。

2. 1947 年年初，陈寅恪与夫人唐篔合影于清华园胜因院陈梦家寓所门前。

3. 1938年初春，陈寅恪怀抱幼女陈美延在香港
   罗便臣道。

4. 1947年陈寅恪在清华园新林院52号院内阳
   台上。

5. 1948年陈寅恪（右）与叶企孙（左）等在一起。

陈
寅
恪

清风华影

1. 1950年夏,陈寅恪全家于广州。后排左起:次女陈小彭、长女陈流求、幼女陈美延。

2. 1953年9月,陈寅恪与蒋天枢于广州中山大学东南区一号楼下南草坪。左起:蒋天枢、陈寅恪、唐篔、周菡(黄萱之女)、陈美延。

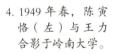

3. 1947 年陈寅恪在
清华园新林院 52
号书房内。

4. 1949 年春，陈寅
恪（左）与王力
合影于岭南大学。

5. 1950 年 6 月 6 日，
陈寅恪夫妇与岭
南大学政治学会
同仁庆祝教师节
暨欢送毕业同学。

陈寅恪

1. 1959 年陈寅恪于广州中山大学东南区一号楼寓所阳台。

2. 2002 年 9 月，陈流求（左）、陈美延（右）重访清华园新林院 52 号旧居。

参考文献

1. 卞僧慧：《陈寅恪先生年谱长编》，北京，中华书局，2010。

2. 陈流求、陈小彭、陈美延：《也同欢乐也同愁——忆父亲陈寅恪母亲唐筼》，北京，生活·读书·新知三联书店，2010。

侯德榜
（1890.8.9—1974.8.26）

名启荣，号致本。

福建闽侯人。

化工专家，中国化学工业的开拓者。

中国科学院技术科学部委员。

侯 德 榜

生于一个普通农家，自幼半耕半读，曾就读于福州英华书院和上海闽皖铁路学堂，因勤奋好学，有"挂车攻读"美名。1911年，侯德榜考入清华留美预备学堂高等科，以10门功课1000分的优异成绩誉满清华园，1913年被保送入美国麻省理工学院化工科学习。1916年毕业，获学士学位；在美国东部的水泥、硫酸、燃料、炼焦、电化各厂实习半年。1917年，入普拉特专科学院学习制革，次年获制革化学师证书。1918年秋季又入哥伦比亚大学研究院研究制革，1919年获硕士学位，继续留学攻读博士，1921年获哲学博士学位。由于学习成绩优异，侯德榜被接纳为美国Sigma Chi荣誉科学会会员和美国Pi Lambda Upsilon化学会荣誉会员。

1921年，侯德榜接受永利制碱公司总经理范旭东的邀聘，离美回国，承担起续建碱厂的技术重任。在制碱技术和市场被外国公司严密垄断下，侯德榜带领广大职工经过长期艰苦努力，解决了一系列技术难题，于1926年取得成功，正常生产出优质纯碱。在1926年万国博览会上，侯德榜生产的纯碱获金质奖，得"中国近代工业进步的象征"的评语。在总结亲身实践的基础上，侯德榜用英文撰写了《纯碱制造》(*Manufacture of Soda*)一书，1933年在纽约出版，打破了国际苏尔维集团对纯碱技术垄断70年之久的局面，在学术界和工业界产生了深远影响。

1934年，永利公司为了"再展化工一翼"和生产化肥，决定建设兼产合成氨、硝酸、硫酸、硫酸铵的南京铔厂，任命侯德榜为厂长兼技师长（即总工程师），全面负责筹建。他知难而上，根据"优质，快速，廉价，爱国"的原则，决定从国外引进关键技术，招标委托部分重要的设计，选购设备，选聘外国专家。仅用30个月，就于1937年1月建成了一座重化工联合企业，一次性试车成功，正常投产，技术达到了当时的国际水平。它为以后引进技术、多快好省地建设工厂提供了宝贵经验。这个厂，连同永利碱厂一起，奠定了我国基本化学工业的基础，也培养出了一大批化工科技人才。但不久，"七七事变"爆发，日本侵略军逐渐逼向南京，曾先后三次以"工厂安全"相要挟，提出"合作"管理南京铔厂的要求。侯德榜和同仁们大义凛然，坚持"宁举丧，不受奠仪"，拒绝"合作"；同时，积极响应抗战，利用工厂设施，转产硝酸铵炸药和地雷壳等物资，支援前线。工厂被日本飞机三次轰炸，无法生产之后，侯德榜又组织职工紧急拆迁设备，并将人员和资料一同送往内地。

1938年，永利公司在川西五通桥筹建永利川厂，范旭东任命侯德榜为厂长兼总工程师。在十分困难的条件下，侯德榜带领职工，生产自助，维持公司入川员工生计；同时，着手筹办四川碱厂。由于四川的条件不适于沿用氨碱法，侯德榜特于1939年率队赴德国考察，准备购买察安法专利。在对方提出辱国的条件下，侯德榜中止谈判，发愤自行研究新的制碱方法。他领导一大批科研设计人员经过艰苦努力，于1941年研究出融合察安法与苏尔维法两种方法、制碱流程与合成氨流程两种流程于一炉，联产纯碱与氯化铵化肥的新工艺。这种制碱新法也因此正式命名为"侯氏碱法"，并于1943年首次正式与学术界会面。1943年完成半工业装置试验，但由于战争和政局混乱，没有条件继续实现工业化而中断。1945年8月，日本侵略者投降不久，范旭东逝世，侯德榜继任总经理，全面领导永利化学工业公司的工作。他立即组织恢复永利沽厂与南京铔厂的生产。铔厂的硝酸设备在战争中被日本侵略者运往日本，经侯德榜和李烛尘等人一再向有关方面严正交涉，他亲赴东京找盟军总司令部等有关方面据理力争，才于1948年全部归还，恢复硝酸生产，至今仍在运行。1947年，侯德榜受聘兼任印度塔塔公司顾问总工程师，先后五次赴印度指导改进该公司碱厂的设备和技术，使这个碱厂正常运转，生产出优质纯碱。

1. 20世纪30年代的侯德榜。

2. 晚年侯德榜。

1949年，侯德榜力克重重阻碍回到北京，

侯德榜

受到毛泽东主席亲切接见与鼓励。新中国成立后，他相继当选为中国人民政治协商会议全国委员会首届委员，第二、第三、第四届常委；全国人民代表大会第一、第二、第三届代表；先后被任命为中央财经委员会委员、政务院重工业部技术顾问、化学工业部副部长；1955年选聘为中国科学院技术科学部委员。1953年，他参加了民主建国会，并当选为第一、第二届中央常委。他先后向中央领导人介绍过"永利公司建设十大化工企业的设想"，提出过"对复兴工业的意见"等多项建议。他参与了全国化学工业和科技事业的许多重要决策，领导了化工行业许多重大科技活动。在他的建议和指导下，对联合制碱新工艺继续进行补充试验和中间试验，1962年实现了工业化，成为我国生产纯碱和化肥的主要方法之一。1958年，他又提出了碳化法合成氨流程制碳酸氢铵化肥新工艺的设想，亲自领导示范厂的设计、施工、试验和改进，1965年获得成功。在各级政府大力支持下，陆续推广建厂1000多座，其产量长期占全国氮肥总产量一半以上，对我国农业的发展作出了不可磨灭的贡献。此外，侯德榜在发展磷肥、农药、聚氯乙烯、化工机械等工业和化工防腐技术，以及传播交流科学技术，培育科技人才等方面，也作出了许多贡献。

侯德榜因其在制碱化工领域的卓越贡献及其高尚的科学品质在国际上亦享有盛誉。1930年，哥伦比亚大学因侯德榜在中国工作成绩优异，授予一等奖章。1935年，在南宁获中国工程师协会首次颁发的荣誉金牌。1943年10月，在美国接受英国皇家学会化工学会名誉会员荣衔。1944年，获纽约哥伦比亚大学荣誉科学博士学位。

1974年8月26日侯德榜因病在北京逝世，终年84岁。

1. 1909年在上海闽皖铁路学堂与同窗合影。右2为侯德榜。

2. 1934年4月8日，侯德榜（前排左3）率领技术人员赴美国考察前在上海留影。

3. 20世纪30年代侯德榜（右）和永利制碱公司总经理范旭东在重庆。

清
风
华
影

1. 1945 年 7 月 6 日，漫画家方成为侯德榜所画速写。

2. 1949 年侯德榜（右 1）在印度塔塔公司和印方人员合影。

3. 1950 年侯德榜在全国政协小组讨论会上。右起：李立三、侯德榜、周叔弢、范澄川。

4. 1953 年贺龙同志（右）与侯德榜亲切交谈。

5. 1956 年 4 月 14 日，以侯德榜（前右）为团长、冀朝鼎（前左）为副团长的中国文化代表团访问罗马。

清风华影

1. 1949年，侯德榜（右1）自印度回国受到永利碱厂同仁的热烈欢迎。

2. 1958年，侯德榜（中）与化学家柳大纲（右）、德·晋斯李多夫斯基（左）合影。

3. 20世纪60年代后期侯德榜在家中读书。

4. 侯德榜（中）深入工厂调查研究。

5. 1964 年，侯德榜（右 1）在罗马尼亚参观访问。

6. 1973 年，83 岁高龄的侯德榜（正面左 3）抱病在家主持会议，讨论我国纯碱工业的发展。

侯德榜

1. 侯德榜在化工会议上作报告。

2. 20 世纪 50 年代，侯德榜与夫人张淑春在北京寓所。

3. 侯德榜追悼会后，聂荣臻同志（右 1）慰问侯德榜家属。

参考文献

李祉川、陈歆文：《侯德榜》，天津，南开大学出版社，1990。

赵元任

（1892.11.3—1982.2.24）

祖籍江苏常州府阳湖
（现并入武进县），生于天津。

语言学家，音乐家。

赵元任

1910 年 7 月，以第二名的成绩被录取为清廷"游美学务处"在北京招考的第二批庚款留美生，赴美国康奈尔大学习数学，1914 年获学士学位，再入该校研究生院学习哲学一年；1915 年考入哈佛大学；1918 年获该校哲学博士学位。

1919 年，27 岁的赵元任即被聘为康奈尔大学物理讲师，第二年，应聘到清华学校任物理、数学和心理学讲师。1921 年，再赴美任哈佛大学哲学讲师。1925 年，清华学校增办大学部和国学研究院，33 岁的赵元任被聘为国学研究院研究教授（通称"导师"）兼哲学系教授。1929 年，清华国学院结束，赵元任被聘为中央研究院历史语言研究所研究员兼语言组主任。1931 年任清华大学留美学生监督处监督，一年后再回国，仍在中央研究院历史语言研究所任职。1938年又赴美国。从 1939 年起，历任美国耶鲁大学访问教授（1939 年至 1941 年）、美国哈佛燕京社汉英大辞典编辑（1941 年至 1946 年）、美国海外语言特训班中文主任（1943 年至 1944 年）。1945 年任联合国教科文组织中国代表团代表，当选为美国语言学学会主席。1946 年任美国密歇根大学语言研究所教授。1948 年当选中央研究院院士。从 1947 年到 1960 年退休为止，赵元任在伯克利加州大学教授中国语文和语言学，退休后仍担任加州大学离职教授。1960 年当选为美国东方学会会长。

1973 年，中美关系正常化刚起步，赵元任夫妇就回国探亲，受到周恩来总理的亲切接见。1981 年，赵元任应中国社会科学院语言研究所之邀，再次回国探亲，受到全国政协主席邓小平的热情接见，并接受了北京大学授予的名誉教授称号。

赵元任具有非凡的语言方面的天赋。1921 年 6 月，他与杨步伟医生结婚后，便一同出国。他先觅定哈佛大学哲学讲师的职位。于 1922 年又去法国莎娜学院专门研究语言学一年。1925 年回国后，他在清华国学研究院担任的课程有"方音学"、"普通语言学"、"音韵练习"、"中国音韵学"、"中国乐谱乐调"、"中国现代方言"等，还为哲学系讲授"论理学"，并先后去江浙、江西、湖北、广东等地考察方言。从 1922 年至 1948 年，他共发表语言学专著约 14 种，论文约 21 篇。1948 年以后，又用英文写了《中国语字典》、《奥语入门》、《中国语语法之研究》、《湖北方言调查》等专著。20 世纪 50 年代后期，他曾在台北作"语言问题"的讲演，系统地讲述了语言学以及同语言学有关的各项基本问题，讲述了他在语言学研究方面的心得和结晶，讲稿汇集成书，由北京商务印书馆出版。此外，他还灌制了许多有关语言方面的唱片，单是中国华中、华南各省方言的录音唱片，就有两千多张。

他不单是一位汉语学家，在外国语方面，据他自己说："在应用文方面，英文、德文、法文没有问题。至于一般用法，则日本、古希腊、拉丁、俄罗斯等文字都不成问题。"他操各国语音同他说汉语普通话和方言一样细致入微。他在关于语言学的讲学或著作中，经常使用一些多由他自己创作的妙趣横生的故事来加深人们的印象。

赵元任是中国语言科学的创始人。关于他在这个领域里的业绩，北京大学教授、原西南联合大学中文系主任罗常培先生曾作过这样的评价："他的学问的基础是数学、物理学和数理逻辑，可是他于语言学的贡献特别大。近 30 年来，科学的中国语言研究可以说由他才奠定了基石，因此年轻一辈都管他叫中国语言学之父。"

赵元任在音乐方面被公认为中国近代音乐先驱者之一。在美国留学期间，他一直没有间断过对音乐的钻研。回国任教或任职期间，音乐活动占去他大部业余时间。1936 年他在"百代"唱片公司灌制的（自作自唱）歌曲《教我如何不想他》，至今仍为人喜爱。他谱曲的许多歌词，都是他自己的创作，如《劳动歌》、《尽力中华》等。赵元任的音乐作品大部分收在1926 年上海商务印书馆出版的《新诗歌集》和1935 年出版的《儿童节歌曲集》里。1981 年 5

1. 1916 年，哈佛大学博士研究生赵元任。
2. 1934 年，中央研究院历史语言研究所语言组主任赵元任。

赵元任

月，人民音乐出版社又出版了《赵元任歌曲选集》。

赵元任的知识和才华是多方面的。远在 1915 年前后，他与任鸿隽、章元善等留美学生发起组织中国科学社时，就曾写过专著《中西星名考》和论文《生物界物质与能力代谢之比较》；在清华任教时，还曾为"振兴"学校戏剧社而改译并导演西方幽默剧《三角》（Triangle）。由于翻译《爱丽丝漫游奇境记》，使他成为研究路易斯·科乐耳（Lewis Carroll）的专家。

1963 年完全离开教学岗位后，他仍致力于写作，已公开出版者有《语言学跟符号系统》、《中国语文法》、《白话读物》等。此外尚有《绿信》（Green Letter）五册，用给友人书信的形式，记述自己的思想、感情和生活（因写作时经常使用一绿色外夹，因以得名）。

1982 年 2 月 24 日，赵元任在美国逝世，加州大学 4 月 4 日隆重举行了赵元任先生悼念会。

1. 1910 年，清华第二届留美学生合影。其中有赵元任（箭头所指）、胡适（2 排左 1）。

2

3

2. 1921 年，赵元任（左3）在北京小雅宝
胡同屋顶招待英国哲学家罗素（左2）
和勃拉克女士（右2）。

3. 1922 年新婚不久的赵元任夫妇。

赵元任

1. 20 世纪 20 年代在北平欧美同学会开中国科学社理事会留影。前排：杨步伟（左 1）、胡
  先骕（左 2）、翁文灏（左 3）、李济（左 4）、陈衡哲（右 1），中排：赵元任（左 1）、
  张子高（左 2）、任鸿隽（右 1），后排：唐钺（左 2）、章元善（右 2）。

2. 1932 年赵元任（右前）在美国华盛顿清华留美学生监督处与朋友合影。

3. 1944 年赵元任和长女赵如兰。

4. 1928 年至 1936 年，赵元任（右）在
   江西方言调查时记音。

5. 1938 年在昆明拓东路与友人合影。
   左起：吴宗济、赵元任、董同龢、丁
   声树、杨时逢。

赵
元
任

清风华影

1. 1959 年，赵元任在台湾大学讲"语言问题"。

2. 20 世纪 40 年代，赵元任（右）在剑桥和朋友李方桂。

3. 1945 年，参加在伦敦举行的联合国教科文组织筹备会议。前排左起：赵元任、罗家伦、胡适、顾维钧、程天放、李书华，后排左 4 为叶公超。

4. 1972年，赵元任（左）出席加州大学为中国科学代表团举行的招待会时与贝时璋（中）、John Jemieson（右）合影。

5. 1962年，加州大学校长授予赵元任（右）法学博士荣誉学位证书。

1. 1973年5月，周恩来同志亲切接见回国访问的赵元任（左）。

2. 1973年回国访问期间，在周培源（左）陪同下，赵元任夫妇重游北京北海公园。

3. 1973年5月，周恩来同志亲切接见赵元任夫妇（前排右7、右9）时合影。

4. 1979 年，33 年来赵元任一家六口第一次团聚在伯克利家中。

5. 赵元任夫人晚年肩膀痛，赵元任每天为其梳头。

6. 1981 年，赵元任（中）回国探亲访问时和女儿赵新那一家合影。

1. 1981 年 6 月，邓小平同志在人民大会堂接见回国访问的赵元任（右）。

2. 1981 年，赵元任在中央音乐学院唱《卖布谣》。

3. 1981 年 11 月 3 日，赵元任在长女赵如兰家度过 89 岁生日。

参考文献

赵新那、黄培云编：《赵元任年谱》，北京，商务印书馆，2001。

熊庆来

（1893.10.20—1969.2.3）

字迪之。

云南弥勒人。

数学家。

熊庆来

1909 年云南高等学堂预科毕业后升入该校本科，1911 年又考入英法文专修科专攻法文。1913 年，他考取云南省政府选拔的赴欧留学生。这年 6 月，进入比利时的包芒学院（Institute Paumant）预科。第二年，第一次世界大战爆发，比利时国土全部沦陷。熊庆来跟着难民逃离了比利时，途经荷、英辗转到了法国。在颠沛流离中，他不幸染上了肺病。身体失康，不得不放弃学采矿的夙愿，进入巴黎圣路易中学数学专修科，改学数理。1916 年后又就读于格洛诺布尔（Grenoble）大学、巴黎大学、蒙柏里（Montpellier）大学、马赛大学等。1916年获格洛诺布尔大学高等数学证书，1919 年起分别获得其他大学的高等分析、力学及天文学证书，并获得理科硕士学位，1920 年获得马赛大学的高等普通物理学证书。

1921 年，熊庆来回国。先在云南工业学校和云南路政学校担任物理和数学教员。半年后，应聘任南京东南大学算学系教授兼系主任，创办算学系。同时还兼任南京高等师范大学教授。当时算学系只有他一个教授，到校后，他既需立刻开出多门课程，又要多方擘画建系工作。白天上课，晚上编写讲义。那时他正患严重的痔疮，不能坐下工作，他只好趴在床上艰难地写作。接连完成了《平面三角》、《球面三角》、《方程式论》、《解析函数》、《微分几何》、《微分方程》、《力学》、《偏微分方程》等讲义。

1926 年，他应聘到北京清华学校大学部任算学系教授。开设"近世几何初步"、"微积分"、"微分方程"、"方程式论"、"高等几何"、"近世代数"、"高等分析"、"分析函数及椭圆函数"、"微分方程式论"、"微分几何"、"理论力学"等课程。

从 1928 年起，熊庆来接替郑之蕃担任算学系主任。1930 年，理学院院长叶企孙休假出国，他受托代理理学院院长一年，并曾一度兼任地理系主任的职务。算学系没有实验室，在教学上比较注意对学生的运算能力的训练。他开出"近代微分几何"新课，传播最新科学知识。他编的教材《高等算学分析》内容丰富，逻辑严密，被定为大学丛书，和萨本栋的《普通物理学》、陈桢的《普通生物学》

等一起，被认为是当时国内理科方面高水平的中文教科书。

　　1932年，他利用学术休假再次来到巴黎，从事为期一年的研究深造。他写出了博士论文《关于整函数与无穷级的亚纯函数》，先后在《法国学术院每周报告》和维拉教授主编的《算学杂志》上发表，受到了数学界极大的关注。1934年他获得法国国家理科博士学位。他所定义的无穷级，被国际数学界称为"熊氏无穷级"，又称"熊氏定理"。

　　1933年，熊庆来仍然回到清华大学担任算学系主任。他广聘贤能，汇集了一批杰出的数学人才。1935年邀请哈达玛（巴黎法兰西学院教授、法国国家学术院会员、世界算学会副会长）、维纳（美国麻省理工学院算学系教授）来校任教授一年。他致力于把清华数学系建造成一个学术中心，他充实图书期刊，集中一些优秀青年教师加以培养，特别是他"慧眼识罗庚"至今传为美谈。当他从《科学》杂志上发现华罗庚的数学天才后，便破例将华罗庚（当时为一位初级中学职员）安排为清华数学系助理，为其创造条件，让其随班听课、做题，不久又破格将华罗庚提升为助教和教员，推荐他到英国剑桥大学深造、研究，造就了一位世界知名数学家。对学生的培养他强调"学与思并重"，让学生独立钻研。还教导青年要谦虚，不要骄傲自满。另外，1936年他还主持创办了《中国数学会会刊》（《数学学报》前身）。

　　1937年夏，熊庆来应云南省政府的邀请，担任云南大学校长。1949年夏，国民党政府派熊庆来和梅贻琦等一起去法国参加联合国教科文组织第四届大会。会后，他留居法国。因生活没有着落，只好去当家庭教师。同时，去普旺加烈研究所看书、研究。不久，他患脑溢血而致半身不遂，右手丧失了写作能力。以后他练习左手写字，投入了函数论的研究，在法

1. 1937年熊庆来摄于北平。

2. 1956年，熊庆来在德国讲学时留影。

熊庆来

国《数学》杂志上发表了多篇学术论文。1956年,法国著名数学家、曾任法国科学院主席的维拉教授正在主持编写一套高水平的数学丛书《数学科学回忆录》(*Memorail des Sciences-mathmatiques*),邀请他参加编写,因而他执笔撰写了《关于亚纯函数及代数体函数、奈望利纳的一个定理的推广》一书,为数学界所称道。

新中国成立后,50年代中,周总理通过严济慈、华罗庚等表示希望他回国,但当时他因病体未愈,无法启行。在此期间,台湾当局曾通过陈立夫等邀他赴台,但他回信谢绝了。1957年6月,熊庆来返回祖国,中国科学院数学研究所召开了欢迎大会,他在会上作了诚恳感人的讲话。

熊庆来回国后,任中国科学院数学研究所研究员,并担任所务委员会委员、学术委员会委员、函数论研究室主任等职。他仍潜心于学术研究,在《科学纪录》、《中国科学》、《数学学报》等杂志上发表了近20篇论文,并有数篇在罗马尼亚、法国等国的数学期刊上刊载。1961年全国数学会议后,他倡导组成了北京地区复变函数讨论会,这个科学集会每两周在他的寓所开会一次,一直持续到1964年。他带着病残之身,在学术上勇于进取,积极参加讨论,有力地推动了函数论研究的开展,培养了新一代的数学研究工作者,著名的后起之秀杨乐、张广厚就是这一时期他亲自培养的研究生。熊庆来一生共发表论文60余篇,书籍和讲义10余种。1958年,熊庆来被选为全国政协委员,1964年被选为常务委员。

1969年2月3日夜,熊庆来因病与世长辞,终年76岁。

1. 1921年秋，熊庆来（前排中）与云
   南路政学校师生合影。
2. 在巴黎，熊庆来（前排右1）与云南
   留法学生合影。
3. 1913年，熊庆来出国留学前摄于昆明。

熊庆来

1. 熊庆来（左）留学时与法国同学留影。

2. 1920 年在法国马赛时的熊庆来。

3. 1924 年，熊庆来夫妇与父亲（中）在南京合影。后立者为熊庆来长子熊秉信，前立者为次子熊秉明。

4. 1926 年，东南大学算学系师生欢送熊庆来（右4）到清华任教时合影。

5. 1933 年，熊庆来于清华大学西院家中书房，旁立者为次子熊秉明。

6. 20世纪30年代清华大学算学系教职员与学生合影。前左1华罗庚、左3赵访熊、左4熊庆来、左5孙光远、左6戴良谟、左7吴新谋，后左2庄圻泰、左4段学复。

1. 1962年，熊庆来夫妇（左）与杨武之夫妇（右）在北京。

2. 1939年，熊庆来（前中）与云南大学算学系第一班毕业生合影。

3. 1936年，熊庆来（1排左1）与应聘来清华讲学的法国数学家哈达玛（2排中）和美国数学家维纳（1排左2）合影。

4. 1961年熊庆来夫妇与家人。后排左起：女儿秉慧、六子秉群、长子秉信、孙女有德。

5. 1957年熊庆来在家中读书。

6. 1975年华罗庚到昆明，看望恩师熊庆来的家人。

熊庆来

1. 1957年，严济慈夫妇到中关村家中看望刚回国的熊庆来。前排左起：严济慈夫人、熊庆来夫人、熊庆来、严济慈，后排左起：熊庆来五子秉衡、六子秉群。

2. 1983年，华罗庚（左）与严济慈（右）到中关村看望熊庆来夫人姜菊缘（中）。

3. 1992年，熊庆来次子熊秉明（右）、六子熊秉群（左）于清华园荷花池畔留影。

参考文献

1. 张维：《熊庆来》，石家庄，河北教育出版社，2001。

2. 熊有德：《我的爷爷熊庆来》，杭州，浙江文艺出版社，2009。

吴 宓

（1894.8.20—1978.1.17）

字雨僧，又字雨生。

陕西泾阳安吴堡人。

诗人，学者，中国比较文学先驱。

吴 宓

早年就读于三原宏道书院，1911 年由陕西省保送报考入北京清华学堂。在校时各科成绩优秀，尤长于诗文写作。1916 年毕业，各科成绩虽然很好，但因体弱体育没有通过，待体育通过后于 1917 年赴美留学。先入弗吉尼亚大学，一年后转入哈佛大学比较文学系，师从新人文主义大师白璧德，1920 年获学士学位，1921 年获硕士学位。

吴宓于 1921 年 7 月回国，任南京东南大学西洋文学系教授。于执教之余同梅光迪、柳诏徵等人一起创办《学衡》杂志，担任总编辑，至 1933 年。该刊以"论究学术，阐述真理，昌明国粹，融化新知，以中正之眼光，行批评之职事，无偏无党，不激不随"为宗旨。在轰轰烈烈的新文化运动中，吴宓被称为"学衡派主将"。

吴宓于 1924 年 8 月去东北沈阳，任教于东北大学外文系。1925 年 2 月，应清华学校之聘，回母校筹办国学研究院。任研究院主任，主持院务。他认为：要办好研究院，就要"聘宏博精深，学有专长之学者"。先后聘请了王国维、梁启超、赵元任、陈寅恪为研究教授。

吴宓于 1926 年 3 月辞去国学研究院主任，改任大学部西洋文学系教授。1928 年，清华学校改为国立清华大学，西洋文学系改称外国语文学系。吴宓曾数次代理系主任，专心致志地为办好清华大学外文系而尽力，直至 1937 年学校南迁。

吴宓早在东南大学执教时，即讲授中西诗之比较等课程，开我国比较文学教学和研究之先河。在他的倡导和主持下，清华大学外文系参照美国哈佛大学比较文学系的培养方案和课程设置，制定了该系培养方案和课程设置，提出了培养学生成为"博雅之士"的培养目标。他特别重视对学生进行系统的中西文化的知识教育，以求一贯之博通。他认为：只有对中西文化均精通，方可"创造中国之新文学"，故而要求外文系的学生，既要对西方文学和文化具有广博全面的知识，也要对中国文学具有相当的修养和研究。他在外文系开设的课程有："西洋文学史"、"中西诗之比较"、"英国浪漫诗人"、"文学与人生"、"希腊罗马文学"等，为我国培养了第一批比较文学研究人才。

1928 年至 1934 年，吴宓又兼任天津《大公报》文学副刊主编，他在该刊发表文章，阐述自己对新旧文学的见解。他认为："新派之失，在不肯模仿，故唾弃旧格律。旧派之失，在仅能模仿，不能创造，故缺乏新材料。欲救其弊而归于正途，只有熔铸新材料以入旧格律之一法。"这是他对诗词创作的一贯主张。

1937 年"七七事变"后，清华大学南迁，吴宓先后执教于长沙临时大学和昆明西南联合大学外文系。1942 年，教育部授予他"部聘教授"称号。其间，他继续研究比较文学和英美文学，同时热衷于《红楼梦》研究，常应邀作"红楼"讲演，以"红学家"载誉西南。

1944 年 9 月，吴宓到成都，任教于燕京大学和四川大学，不久又任武汉大学外文系教授兼系主任。1949 年年初，武汉解放前夕，他谢绝友人之劝，没有去美讲学，而毅然决定留在祖国大陆。他说："生为中国人，死在中国土。"赤子之心可见。

1949 年年底，重庆、成都相继解放。吴宓于 1950 年 4 月到重庆磁器口的四川教育学院任教。9 月间，四川教育学院并入西南师范学院，在北碚建校。自此，吴宓一直执教于西南师范学院，并定居重庆北碚，学校给他定为一级教授，他坚决要求改为二级。他一生最爱读书，尤爱收藏图书。他常引用莎士比亚的名言："书籍是全人类的营养品，生活里没有书籍，就好像大地没有阳光。"1956 年，他把珍藏多年的 1000 多册外文图书，其中不少是已经绝版或有钱也买不到的珍本，全部无偿地捐献给西南师院图书馆。为了便于读者阅读，他亲自逐册把书名译成汉文，还撰写了各册的内容提要及作者简介。

"文革"中，吴宓受到迫害，以至双目失明，左腿骨折。但他对这一切均淡然视之，而振兴祖国文教事业之赤诚却终身不衰。1976 年因病回原籍陕西泾阳养病。1978 年 1 月 17 日含冤逝世，终年 84 岁。1979 年得到平反昭雪，恢复名誉。

1. 1913 年夏吴宓于北京。
2. 1923 年吴宓于南京。

吴宓

1. 1915年清华学校《清华周刊》编辑部成员。2排右1为吴宓。

2. 1911年吴宓所用的商务印书馆印《学堂日记》本。

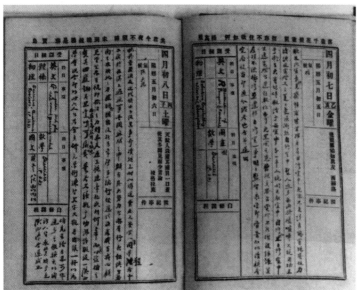

3. 1916年清华学校明德社同仁合影于清华学校学务处内走廊。前排左起：曹明銮、凌其峻、张可治、叶企孙、瞿国眷、许震宙、唐崇慈，后排左起：吴宓、陈器、余泽兰、王善佺、刘庄、董修甲、查良钊。

4. 1920年年初春吴宓在美国哈佛大学求学时留影。

5. 任清华大学外国语文系主任的吴宓。

吴

宓

清风华影

1. 1943年在昆明西南联大任教时的吴宓。
2. 吴宓（右）在藤影荷声之馆。

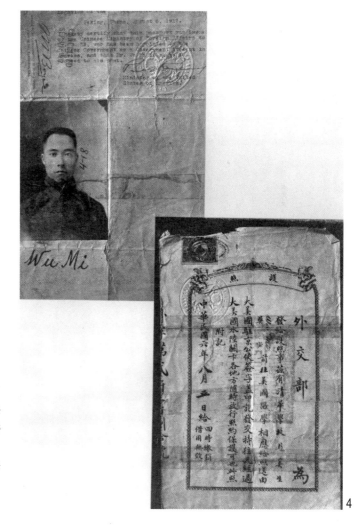

3. 1927 年清华学校大学
   部教职员合影。前排
   左 5 为吴宓。

4. 吴宓 1917 年赴美留学
   时的护照。

吴宓

1. 1923年，吴宓与夫人陈心一、长女吴学淑摄于南京东南大学。

2. 1930年吴宓（右）与冀贡泉（左）合影。

3. 20世纪30年代，吴宓（右）在清华校园为同学签名。

4. 20世纪30年代，吴宓（左3）与清华同学在大礼堂前。

5. 1936 年春于清华。左起：方钜成、孟復、吴宓、陈耀庭。

6. 1937 年春吴宓于清华园。

7. 1938 年，吴宓（右）与生父芷敬公（左）及侄女（中）摄于香港。

8. 1931 年 4 月，吴宓（左 3）与友人在意大利佛罗伦萨。

吴

宓

1. 1931年摄于英国牛津大学。右起：吴宓、费福熊、刘咸、郭斌龢。

2. 1945年9月，吴宓（中）在成都与高承志（左）、王达仁（右）合影。

3. 1932年清华同仁合影。前排右2为吴宓。

4. 1951 年 5 月 15 日，西南师院外语系四年级学生及教师合影。前排左起：王静之、李俊岳、秦荫人、张东晓、吴宓、方敬（主任）、赵维藩、殷炎麟、陈克理。

5. 1993 年 3 月 18 日，钱钟书为《吴宓日记》所写《序言》手迹。

6. 1994 年 6 月，各地到西安参加纪念吴宓先生百年诞辰学术讨论会的学者为其扫墓。

吴宓

1. 1994年6月，翻译家、北京大学教授李赋宁等在西安参加吴宓先生诞辰百年学术讨论会期间留影。左起：徐葆耕、李赋宁夫人徐述华、李赋宁、吴须曼、吴汉骧（吴芳吉之子）、王黎（王荫南之子）。

2. 女儿吴学昭（中）重访吴宓晚年最后驻地陕西泾阳县。

3. 1994年5月22日，来自全国各地及美国的学者聚会北京清华园，纪念吴宓先生100周年诞辰。

参考文献

吴宓著，吴学昭整理注释：《吴宓日记》，北京，生活·读书·新知三联书店，1998。

（吴宓先生照片由其女吴学昭女士提供，版权归吴学昭所有。）

金岳霖

（1895.7.14—1984.10.19）

字龙荪。

湖南长沙人。

哲学家。

中国科学院哲学社会科学部委员。

金 岳 霖

1911 年考入北京清华学校高等科二年级，在校 3 年，学习成绩优秀。读书之外，他还参加各种课外活动：担任过"最高年级学生会"主席、高等科英文班学委会委员、《清华年报》创刊号编委兼经理员等职务；他还参加过科学会、摄影社；还和洪深、陈达等同学以"国学研究会俱乐部"的名义演出话剧《没字碑》、《古华镜》等。

1914 年，金岳霖从清华学校毕业，赴美入耶鲁大学教育系，后转入宾夕法尼亚大学学习政治学，1917 年 7 月毕业。1918 年 7 月获哥伦比亚大学硕士学位；1920 年 7 月，获该校博士学位。之后在英、德、法等国留学和从事研究工作，一直到 1925 年 12 月回国。

1926 年 2 月至 7 月，金岳霖在北京中国大学任教半年，讲授英文和英国史；9 月，在赵元任的引荐下，被清华学校聘为大学部哲学教授，负责创办清华哲学系。清华学校大学部初创时，系科很不完全，哲学处于有课无系的状态，无一专职教授。金岳霖到校后，着力筹划，秋季即开出 6 门课程。6 门课中，由他主讲 3 门（"论理学"、"西洋哲学史"、"西洋哲学问题"）。他一直任系主任至 1929 年。冯友兰到校后，接替哲学系主任一职，金岳霖则全力从事教学，陆续开设新课程。至 1936 年金岳霖共开出 6 门课，即"逻辑"（大一）、"知识论"（大三、大四）、"哲学问题"（大四）、"洛克"（Locke）（大四）、"休谟"（Hume）（大四）、"布莱德雷"（Bradley）。此期间，金岳霖的教学和学术研究成果甚丰，从 1927 年 4 月起，他连续在《哲学研究》上发表了《论自相矛盾》、《休谟和知识论的批判》、《知觉现象》、《论事实》、《范围的逻辑》、《关于真理的一个意见》、《道、式、能》、《现实的个体化》等论文。从 1930 年起，他一直担任《清华学报》的编委，并发表 *Internal and External Relations*、《思想律与自相矛盾》、《释必然》、《手术论》等论文。1936 年 4 月，与冯友兰、贺麟、汤用彤等人发起成立中国哲学会，金岳霖任常务理事，并任《哲学评论》编委。12 月，金岳霖所著《逻辑》被列入"大学丛书"，由商务印书馆正式出版。

抗日战争期间，他随清华大学先至长沙，又至昆明，任西南联合大学哲学心理学系教授，并任清华哲学系主任（联大哲学心理学系主任由北大教授汤用彤担任）。当时清华哲学系教授在联大所开课程，除冯友兰外，大都属逻辑方面的，其中一部分沿用清华战前的老课程，其他则是新开课程，如"符号逻辑"、"逻辑语法"、"逻辑问题"、"晚周辩学"等。在抗战时期物质条件十分艰苦的情况下，他的教学、科研工作仍积极开展。1939年，他的《论道》一书出版，并撰写了约70万字的"知识论"稿本。在联大期间，他除完成教学和专著外，还继续在校内外刊物上发表论文。计有《不同的逻辑》、《势至原则》、《归纳原则与将来》、《自然》、《思想》等。从1937年起，他还在《天下》杂志上用英文发表论文若干篇。

抗战胜利后，随清华大学复员北上，继续在清华哲学系任教。1948年，他以惊人的毅力重新完成《知识论》手稿（原稿在抗战期间一次跑空袭警报中丢失）。1948年3月，金岳霖当选为中央研究院第一届院士。

新中国成立后他第三次被任命为清华哲学系主任。1949年11月，他又在吴晗函荐之下，被任命为清华文学院院长，还任"辩证唯物论与历史唯物论教学委员会"（通称"大课委员会"）常委等职。在校务改革、校政建设以及思想改造等运动中，表现得十分积极、热情，常常在校刊或各种聚会上发表感想，谈体会，开展批评与自我批评。

1952年院系调整中，他随清华哲学系一起调到北京大学，继续担任该校哲学系主任。从1955年起，担任《哲学研究》杂志的编委。1955年选聘为中国科学院哲学社会科学部委员、常务委员。1956年起，正式调到中国社会科学院，负责该院哲学所的规划筹备工作，任中国社会科学院哲学研究所研究员兼副所长。在此期间，

1. 青年时代的金岳霖（约1914年）。

2. 20世纪40年代的金岳霖。

金岳霖

他在繁重的工作之余，仍不断从事学术活动。从 1955 年开始，他先后发表的论文有：《评罗素的所谓追求永恒的真理》《批判实用主义者杜威的世界观》《批判胡适的实用主义哲学》《实用主义的认识论批判》《批判唯心哲学关于逻辑与语言的思想（对罗素的批判之一）》《批判梁漱溟的直觉主义》《论真实性与正确性的统一》《对旧著〈逻辑〉一书的自我批判》《论"所以"》《客观事物真实性和形式逻辑的头三条基本思想规律》等。在此期间，他还曾先后出国参加过多次学术会议。1958 年春，他曾作为中国文化代表团成员到意大利、英国、瑞士等国访问，并曾应邀在牛津大学作报告。1979 年被选为中国逻辑学会会长，热忱支持中国逻辑的研究，并在普及逻辑科学方面做了大量工作。他还是全国政协第二届至第六届委员，第三届全国人大代表。

金岳霖 1984 年 10 月 19 日去世，终年 89 岁。

1. 1917 年至 1920 年，金岳霖（左 2）在美国哥伦比亚大学期间与张奚若（右 1）、胡适（右 2）等的合影。

2. 金岳霖在花园读报。

3. 1917年至1920年在美国哥伦比亚大学。左起：金岳霖、张奚若、徐志摩。

金岳霖

清
风
华
影

1. 1943 年在美国哈佛大学，金岳霖（左）与赵元任（右）合影。

2. 西南联大的教授们和家人去郊游。左起：周培源抱周如玲、陈岱孙、周培源夫人王蒂澂、
   金岳霖扶周如雁、朱自清、李济侗扶周如枚。

3. 20 世纪 30 年代清华大学的一代精英。左起：施嘉炀、钱端升、陈岱孙、金岳霖、周培源、
   萨本栋、张奚若（1931 年摄于清华大学北院）。

4. 1939 年金岳霖（左1）与朋友在昆明。

5. 1958 年，金岳霖作为中国文化代表团副团长访问欧洲。图为团长许涤新（右4）、副团长金岳霖（左2）、团员谢冰心（右3）等在英国瞻仰马克思墓时留影。

6. 1958 年，中国文化代表团团长许涤新（左）与副团长金岳霖访欧留影。

7. 1951 年，清华大学哲学系欢送毕业同学时师生合影。站排左起：沈有鼎、张岱年、王宪钧、金岳霖、邓以蛰、任华、冯友兰。

一九五一年哲学系欢送毕业同学摄影

1. 1961 年，金岳霖（中）与朋友游览黄山。

2. 1963 年秋，金岳霖在北京。

3. 1964 年金岳霖在书房。

4. 1958 年金岳霖（前左 1）会见苏联专家合影。

5. 20 世纪 60 年代金岳霖在读书。

6. 1965 年，金岳霖（前排中）与侄女金训成一家合影。

7. 1982 年，金岳霖（前排中）和中国社会科学院哲学研究所的同事们在一起。

金岳霖

1. 1982年，金岳霖和他的学生们。后排左起：胡世华、沈有鼎、周礼全、王宪钧。

2. 1982年，中国社会科学院哲学研究所举行金岳霖从事教学和研究工作56周年庆祝大会。图为周培源（左1）、胡乔木（左2）、钱昌照（前排右1）、胡愈之（后排右1）、于光远（后排右2）等向金岳霖先生表示祝贺。

3. 1983年夏，金岳霖在北京寓所。

参考文献

1. 胡军等：《金岳霖思想研究》，北京，中国社会科学出版社，2004。

2. 王中江等：《金岳霖学术思想评传》，北京，北京图书馆出版社，1998。

1

2

3

冯友兰

（1895.12.4—1990.11.26）

字芝生。

河南南阳唐河人。

哲学家。

中国科学院哲学社会科学部委员。

冯友兰

1918 年毕业于北京大学哲学系。1923 年获美国哥伦比亚大学哲学博士学位。同年回国后，应聘于河南开封中州大学任教授兼哲学系主任、文科学长。1925 年赴广州，任中山大学哲学系教授兼系主任。1926 年任燕京大学哲学系教授兼燕京研究所导师。1928 年任清华大学哲学系教授和清华大学秘书长。此后任哲学系主任（1929—1937）和文学院院长（1931—1937）。在此期间，自 1930 年 7 月 11 日至 1931 年 4 月 15 日，曾任校务会议主席代理校务。抗战时期任西南联合大学教授和文学院院长。抗战胜利复员后，继任清华大学文学院院长和哲学系主任，直至北平和平解放。1946 年秋，赴美任客座教授，1948 年春回国。1948 年 12 月 17 日，被清华大学校务会议推举为临时主席，维持学校教学秩序，迎接北平军管会接管清华大学，至 1949 年 4 月。同时任清华大学哲学系教授，至 1952 年院系调整。此后任北京大学教授。1955 年任中国科学院哲学社会科学部委员、常务委员。是第二、第三、第四届全国政协委员，第六、第七全国政协常委和第四届全国人民代表大会代表。还曾任中国民主同盟中央委员。1979 年 9 月被美国哥伦比亚大学授予名誉文学博士。

冯友兰是一位哲学家，从 20 世纪 20 年代起一直从事哲学和中国哲学史的研究，取得了许多重要的学术成果。在 20 年代，他著有《人生哲学》，在分析了中西哲学大量材料的基础上指出：无论是东方哲学还是西方哲学，在人生哲学方面不外乎有三种倾向。一种把自然理想化，向往过去；一种把人的作为理想化，向往未来；还有一种认为，过去已成过去，未来亦难把握，人应该统一自然与人为，在现实的生活中积极追求完美的结果。在 20 世纪 20 年代末和 30 年代前期，他在讲授中国哲学史的过程中，撰写了两卷本《中国哲学史》。在这部书中，他把从先秦到清代的哲学思想的发展分为"子学"和"经学"两个阶段，用现代哲学观点和历史研究方法分析了不同时期、不同流派的哲学家的思想，提出了很多深刻而独到的见解，把中国哲学史的研究工作推进到一个新的阶段，在国内外都产生了较大影响。

冯友兰一生著述甚丰，中英文著作近500万言。主要论著编入《三松堂全集》（共14卷）。在20世纪30年代后期和40年代前期，冯友兰致力于哲学理论的研究和著述，先后写作了《新理学》、《新事论》、《新世训》、《新原人》、《新原道》、《新知言》，当时合称《贞元六书》。《新理学》主要讲一般与特殊的关系，强调了一般的绝对性。《新事论》是用《新理学》的理论研究当时的实际问题，其中从认识共相（一般）出发，指出中国社会的发展方向是通过产业革命，使中国近代化、工业化。所以，这部书的副题是《中国到自由之路》。《新世训》是讲生活中的处世态度和方法。《新原人》讲人生，把人的种种精神世界概括为四种精神境界，即自然境界、功利境界、道德境界和天地境界，并指出：人可以通过哲学的认识，达到较高的境界，使人生具有更大的意义。《新原道》阐述了中国哲学的主流即是探寻不离人伦日用的最高境界，实现内圣外王的人格。也即"极高明而道中庸"，以此作为中国哲学的基本精神（故英文版书名为《中国哲学之精神》）。《新知言》讲哲学方法论，在分析了一些派别的方法论后，论述了用"负"的方法解决不可思议、不可言说的哲学问题。这六部书探讨了自然、社会和人生的哲学问题，构成了一个比较完整的哲学体系，是中国现代哲学的重要成果。

20世纪80年代以后，冯友兰不顾年高体弱，以全力写作了七卷本《中国哲学史新编》。全书论述先秦诸子哲学、汉代经学、魏晋玄学、隋唐佛学、宋明道学、近代维新和现代革命七大思潮，并对中国哲学的未来有所展望。与两卷本《中国哲学史》不同的是，《中国哲学史新编》不以哲学家为纲，而以思潮为纲，力求把握思潮和思潮的主题，说明这个主题是一个什么样的哲学问题。由于这个特点，《中国哲学史新编》对于具体问题的分析更加深入，所描绘的中国哲学史的

1

2

1. 青年冯友兰。

2. 20世纪30年代，任清华大学文学院院长的冯友兰。

冯友兰

脉络更加清晰。

在 70 年的学术研究中，冯友兰积累了丰富的治学经验。他认为：涉足于哲学领域，必须有一个好的开端，学习哲学的入手处是逻辑学，学习哲学史的入手处是辩证唯物主义和历史唯物主义。而要真正懂得哲学，则必须懂得哲学的基本问题，在哲学的基本问题中，最重要的就是一般和特殊的关系问题，用中国古典哲学的话说，就是理和事的关系。弄懂了这个问题，其他的哲学问题也就容易理解了。冯友兰在进行哲学研究和分析哲学史的现象时，总是紧紧把握住这个问题，所以总能把十分复杂的哲学问题讲得非常简洁明了，有提要钩玄之功，这一点是中国哲学界公认的。

冯友兰于 1990 年 11 月 26 日逝世，终年 95 岁。

1. 1912 年至 1915 年，冯友兰（中）在中州公学读书期间与同学合影。

北京大學文科哲學門戊午二次畢業攝景 民國⋯年

2. 冯友兰（2排左4）1918年毕业
   于北京大学，与校长蔡元培（前
   排右4）、文科学长陈独秀（前
   排右3）及教授马叙伦（前排右
   5）、梁漱溟（前排右2）等合影。

3. 1920年冯友兰（后排右）、罗
   家伦（后排左）等人在纽约。

冯友兰

1. 1935 年，冯友兰全家在清华大学乙所院中合影。后排左起：夫人任载坤、母亲吴清芝、冯友兰，前排左起：长女冯钟琏、长子冯钟辽、次女冯钟璞、次子冯钟越。

2. 1937 年抗战爆发，北大、清华、南开组成联合大学南下，经由越南去昆明。这是冯友兰与夫人任载坤护照上的照片。

3. 1944 年，冯友兰（左 2）与来访的印度哲学家罗拉丹瑞盛南爵士及其他印度学者合影。

4. 1948 年 2 月，冯友兰 放弃国外的优厚待遇毅 然回国。这是经过夏威 夷时的留影。

5. 中年冯友兰。

6. 1963 年 11 月，毛泽东 同志亲切接见出席中 国科学院哲学社会科 学部委员扩大会议的 冯友兰。

7. 冯友兰在北京大学燕南 园 54 号住宅中。

冯友兰

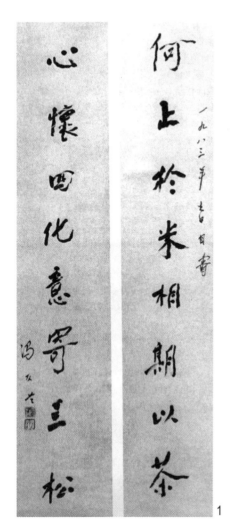

1. 冯友兰1983年12月4日88岁生日时手书自寿联。"米"指米寿，88岁，"茶"指茶寿，108岁。

2. 1982年9月10日，冯友兰在哥伦比亚大学接受该校授予名誉文学博士学位，由女儿宗璞等陪同步入会场。

3. 1982年，在美国与《中国哲学史》两卷本的英译者卜德（右）先生重逢。

4. 20 世纪 80 年
代后期冯友兰
（左）与张岱
（右）年合影。

5. 20 世纪 80 年
代，冯友兰（左）
在寓所与北京
大学哲学系青
年教师陈来
（右）在一起。

冯友兰

清风华影

1. 20世纪60年代，冯友兰与夫人香山散步。

2. 冯友兰（左）与女儿宗璞（右）在一起。

3. 专心研读的冯友兰。

4. 90 岁的冯友兰，仍以一种顽强的信念支撑着写作。

5. 冯友兰（右）与施嘉炀晤谈。

6. 晚年冯友兰（左）在三松堂庭院中会见台湾学者、新竹清华大学教授洪同（右），女儿宗璞作陪。

冯友兰

1. 冯友兰书三松堂匾额。

2. 现存于云南师范大学（西南联合大学旧址）的西南联大纪念碑。冯友兰教授撰文，闻一多教授篆额，罗庸教授书丹。

3. 2004年8月，清华大学校务委员会副主任叶宏开（右2）、中文系教授徐葆耕（左1）、校友总会黄文辉（右1）看望冯友兰女儿宗璞（左2）时在三松堂合影。

参考文献

宗璞：《云在青天水在瓶》，郑州，大象出版社，2002。

李 济

（1896.6.2—1979.8.1）

号济之。

湖北钟祥人。

考古学家。

被誉为『中国现代考古学之父』。

李 济

1907年，随父亲到北京，1911年考入清华学堂。在清华七年半的求学期间，他接触了近代科学思想，激发了向西方学习先进事物的意愿，对其一生事业的发展起了奠基性作用。1918年从清华高等科毕业后，即赴美国克拉克大学读心理学，1919年获文学士学位。他继续在该校攻读人口学研究生，1920年以《人口的质的演变研究》为题的论文获得社会学硕士学位。同年进入哈佛大学研究院攻读人类学，成为中国留学生中第一位学人类学及考古学的人。在哈佛大学期间，他师从虎藤、托策和狄克森三位老师，分别学习了体质人类学、考古学和人种学，为其博士论文写作以及日后60年的学术生涯奠定了基础。1923年，他以《中国民族的形成》荣获人类学博士学位。

1923年到1928年，他一直从事一种美国式大学教授兼研究者的工作。1923年回国后，他先在天津南开大学任文科主任，教授社会学及统计学。1925年暑期后，应聘到新成立的清华国学研究院任特约讲师，讲授普通人类学、人体测量学、古器物学、考古学。1925年到1926年，他主持了山西南部夏县西阴村仰韶文化遗址的发掘，1927年撰写并发表了《西阴村史前的遗存》的考古发掘报告。这次发掘由清华国学院与美国弗利尔艺术陈列馆联合举办，这是中国人第一次独立主持的考古发掘，李济成为第一位挖掘考古遗址的中国学者。

1928年，李济出任中央研究院历史语言研究所研究员兼考古组主任。1929年至1937年，在他领导下，按照严格的科学方法，对殷墟遗址进行了共计15次的正式发掘，收获十分巨大：发现了殷商的故都，发掘出许多重要墓葬和遗址，获得了大量文字甲骨、重要器物和科学资料；弄清了小屯文化、龙山文化和仰韶文化的具体层位关系，从而解决了中国新石器时代考古的一个关键问题。除殷墟外，李济所领导的考古组还进行过许多其他重要遗址的发掘，其中著名的有1930年发掘的山东龙山镇的城子崖遗址，在这里发现了黑陶文化；1932年发掘的河南濬县辛村和辉县琉璃阁等遗址。这些活动使得我国的考古发掘工作走上了科学轨道，也造就出中国第一批水平较高的考古学者。李济发掘安阳，确立了商文明在中国古代史上的地位，是整个东亚地区有文字记载的第一个文明。他不仅划定了关于商代的知识范畴，并且培养了众多的同事和学生。他的整套研究方法如陶器和青铜器的命名以及类型学方法，一直在整个中国考古学界处于支配地位。

李济的科学品德为后继者树立了榜样。李济在参加殷墟工作之始，就跟所内同仁约定：一切出土物全部属于国家财产，考古组同仁自己绝不收藏古物。"九一八事变"后，他还受命对南迁的故宫珍品作了多次转移和妥藏，在保存国家文物上尽了很大力量。抗日战争爆发后，他随史语所从昆明迁往四川李庄。李庄六年，在极度困难的物质条件下，组织有关单位，在云南、四川、西北等地进行考古发掘和民族、民俗学调查，获得大量极珍贵的文物，举办了一次远古石器和铜器展览会。抗战胜利后，他以专家身份赴日各地调查及接收战时被日本军方及各方掠夺去的中国文物，并且获得了重要成绩。

从 1930 年起，李济被聘为中华教育文化基金董事会研究教授，1935 年起任中央研究院的历届评议员。1934 年至 1947 年，李济兼任原中央博物院筹备处主任。1948 年，他当选为中央研究院第一届院士及评议员。是年冬天，随史语所去台。抵台后，李济除了在台湾大学历史系任教外，还创办了台湾大学考古人类学系，第一次在中国将训练职业考古家列入大学计划之内，培养了一批考古人类学方面的人才。他在领导及参加圆山遗址发掘、环岛考古调查及泰雅族体质测量之余，还继续整理及研究殷墟出土的器物，并且完成了《殷虚器物甲编：陶器（上辑）》一巨册，是为《小屯》系列之第三本。1956 年获学术奖文科奖金。20 世纪 60 年代初期，他支持在台北中央研究院内成立一个中国古史编辑委员会，着手编写一部多著者、跨学科的中国古史的长卷，这是中国史学编著中的首次。

1. 1918 年清华学校毕业时的李济。

2. 1918 年冬留学初期的李济。

李

济

李济不仅是一位认真的中国文化珍品的守护者，也是一位热心的国际主义者。1937年，李济应邀赴欧洲讲学和作学术访问，并出席国际科学联合会总会的伦敦大会。1940年，李济被英国及爱尔兰皇家人类学研究院选聘为荣誉院士。1955年后，曾多次赴美国、德国、澳洲及北美讲学，积极参与国际学术活动，并先后受聘为"东亚学术计划委员会主任委员"、"长期发展科学委员会人文组委员"、"中国上古史编纂委员会主任委员"、"与美科学合作委员会中方委员会委员"、"人文及社会科学特别委员会首席执行委员"以及"中央研究院"咨议委员会委员，两度代理出任"中央研究院"院长。

李济从1937年到1979年逝世，他大部分时间用于保管、运送、研究和出版1928年至1937年间安阳出土的资料。他对于中国考古学现代形态的形成与发展发挥了奠基性作用，并用自己的言行树立了一个令他的后继者渴望达到而又难以企及的榜样，体现了中国历史学和考古学研究中所能达到的最高的科学水准。

1979年8月1日，李济因心脏病猝发，于台北寓所逝世，终年83岁。

1. 1920 年，李济在哈佛大学就读研究生时留影。

2. 1928 年李济第二次赴美回国时留影。

3. 清华学校 1918 级全体同学合影（后排右 4 为李济）。

4. 1929 年秋季，李济在殷墟第三次发掘工地上获得唯一一片彩陶时的情形。

5. 1929 年安阳，李济（撑伞者）和董作宾在轧道车上。

李 济

1. 1933 年秋，李济骑驴赴工作地山东滕县安上村。

2. 1931 年中央研究院和北平研究院部分人士摄于北平北海静心斋。前排右起：李济、吴稚晖、黄文弼、裴文中、徐中舒；后排右起：赵元任、傅斯年、董作宾、□□□、丁山。

3. 1931年春，第三次殷墟发掘时，李济（左2）、董作宾（左1）、梁思永（右1）在小屯驻地欢迎傅斯年所长（右2）视察。

4. 1936年6月13日，殷墟第十三次发掘出完整的甲骨灰土柱H127。

5. 1933年2月，李济（左）与鲁迅（右）、杨杏佛（中）在上海亚尔培路中央研究院总办事处。

李

济

清风华影

1. 1936年春，安阳小屯工作地YH127甲骨坑出土大块甲骨灰土柱装入大木箱中的情形。右前为李济，后为高去寻，再后为李景聃。

2. 1953年前后，李济（右）与张光直（左）。

3. 1935年在安阳，李济视察殷墟发掘团工作站，与史语所同仁合影。左起：王湘，胡厚宣、李光宇、祁延霈、刘耀（尹达）、梁思永、李济、尹焕章、夏鼐、石璋如。

4. 1924 年在南开大学任教时的李济。

5. 1937 年 12 月摄于桂林的李济全家照。

6. 1950 年李济夫妇摄于台北温州街住所。

李

济

143

1. 1956年，李济（右）代表台湾学术界友人向65岁的胡适献上一本论文集作为生日礼物。

2. 1968年10月，李济夫妇（右）和从美国远道而来的老友赵元任夫妇（左）在台北史语所门前。

3. 1957年，李济（左）与李方桂（中）、董作宾（右）在台北合影。

参考文献

李光谟：《从清华园到史语所——李济治学生涯琐记》，北京，清华大学出版社，2004。

吴有训

（1897.4.26—1977.11.30）

字正之。

江西高安人。

物理学家，教育家。

中国近代物理学的开创者和奠基人之一。

中国科学院数学物理学部委员。

吴有训

1920 年毕业于南京高等师范学校。1921 年赴美入芝加哥大学深造,攻物理学,1925 年 6 月起担任该校助教,1926 年获博士学位,是年秋回国。1927 年上半年参与筹办江西大学,1927 年 8 月任中央大学物理系副教授、系主任;1928 年 8 月任清华大学物理系教授,1931 年代理一年系主任和理学院院长,1934 年任物理系主任,1937 年任理学院院长。抗战期间,吴有训任西南联合大学教授、物理系主任、理学院院长。1945 年 8 月,被任命为国立中央大学校长,后因国民党政府镇压学生而坚决辞职。1948 年年底赴上海交通大学任教。他曾被推举为中央研究院评议员、院士,中国物理学会理事长,1935 年为德国自然研究者皇家学会会员。新中国成立后,任上海交通大学校务委员会主任,同时兼任华东教育部部长。1950 年12 月起,调任中国科学院副院长,1955 年当选为中科院数学物理学部委员兼学部主任。他是中国人民政治协商会议第一届代表,第二届全国政协委员,第三届全国政协常委;全国人大第一、第二届代表,第三、第四届全国人大常委。曾任中华全国自然科学专门学会联合会副主席(1950—1960),中国科学技术协会副主席(1961—1977)。

在 20 世纪 20 年代,吴有训与美国著名物理学家康普顿(A.H.Compton)教授合作,证实了近代物理学中有名的康普顿效应(亦称康普顿—吴有训效应)。康普顿效应是康普顿在研究伦琴射线(即 X 射线)经过金属、石墨等物质时发生散射后的光谱组成,提出了他的 X 射线量子散射理论,1923 年 5 月发表了论文,但因实验证明不够充分,因此学术界对其理论有异议。吴有训用实验证实了康普顿的理论,他所获得的 15 种物质 X 射线散射光谱,被康普顿作为其量子散射理论主要的实验证据。1926 年,吴有训发表了《在康普顿效应中变线与不变线的能量分布》及《在康普顿效应中变线与不变线的强度比率》两篇论文,进一步证实了康普顿效应。1927 年,康普顿因发现康普顿效应而获得诺贝尔物理学奖。所以吴有训也是中国物理学界参与诺贝尔奖工作并作出重要学术贡献的第一人。

吴有训 1931 年在介绍清华大学理学院概况时就强调指出："理学院之目的，除造就科学致用人才外，尚欲谋树立一研究科学之中心，以求国家学术之独立。"在这一思想的指导下，清华理学院率先建立起了"教学与科研并重，科研达到国际先进水平"的"中国研究型大学"教育模式。各系教师科学研究工作做出了不少成绩，得到国内外科学界的称誉。

吴有训对多原子气体 X 射线散射系列课题的研究，开创了中国近代物理科研，并达到国际先进水平。

他指导王淦昌研究大气放射性论文课题为"清华园周围氡气强度及每天的变化"。指导陆学善的研究题目为"多原子气体所散射 X 射线之强度"。指导钱三强制作一个玻璃真空系统，用于试验金属表面对提高真空度的影响问题，实际上是对实验研究综合能力的培养锻练，这便是钱三强的大学毕业论文。这些研究，都在吴有训的指导下取得了极佳的成绩。另外，他指导钱伟长的研究课题为"晶体对于 X 射线之散射"、黄席棠的研究题目"液体对于 X 射线之散射"，却都因为抗战爆发而被中断。

吴有训在教学中，一贯以严谨执教而著称。他认真贯彻"理论与实验并重"和"重质而不重量"的原则。在他代理清华大学物理系主任期间，他强调指出："本系自最浅至最深之课程，均注重于解决问题及实验工作，力矫现时高调及虚空之弊。大学一、二年级功课，为本系基本课程。"他和萨本栋教授同时分别讲授"普通物理学"，在向新生介绍选修这门课的条件时，他说："凡入数、理、化及工程各系学生，均须必修本系所开的大学普通物理。但修习该课程，必须入学考试的物理分数在 60 分以上者，否则，需受甄别试验，及格的可以注册，不及格的需补读高中物理。"

吴有训在清华大学讲授的主要课程有："普

1. 1921 年冬，吴有训考取江西官费留美护照上的照片。

2. 任清华大学理学院院长的吴有训。

吴有训

通物理学"、"近代物理学"、"光学"、"中级光学"、"X 射线"、"实验技术"、"近代物理实验"、"中级光学试验"等。他每年的讲课都力求将国内外的最新成果引进教学。他所讲授的"近代物理学","注重于近三十年来物理学界对电子及能量之实验及其所得结果之解释,使学生对于当代之原子结构理论得窥门径"。所讲"X 射线"一课,则是"讨论 X 射线之散射、反射、屈射、吸收诸现象及其与物质构造之关系,对于 X 射线之发生、应用及线谱亦作详尽之推究"。这些课程的内容及讲授水平,当时在国内均居领先地位。他的"实验技术"课,密切结合科研实践要求,来培养学生的科学实验研究能力,在当时的国内是独一无二的,也引领了中国实验物理科学的发展。

20 世纪 30 年代,吴有训与叶企孙合作,首次在中国组成了既是有成就的科学家,又是优秀教师的一流师资队伍,推动了理科教育和科研共同发展,使清华物理系和理学院迅速成长为全国教育和学术研究的中心之一。

吴有训在我国高等学校辛勤执教数十年,不论是在清华大学、西南联大,还是在中央大学和上海交通大学,他都竭尽全力,学而不厌,诲人不倦,注意人才的发现和培养,为国家培养了一批又一批高水平的科技人才。他的弟子遍布海内外,其中许多人已是国内国际著名的科学家和学者。

新中国成立后,吴有训一直任中国科学院副院长,对中国科学院的建设以及我国科技事业的发展作出了卓越的贡献。建院初期,他对调整和充实中国科学院的研究力量和布局倾注了心血;他既注重基础理论的研究,也关心新兴技术科学的发展,强调科学研究应为国民经济和国防建设服务。在制定 12 年科学发展远景规划时,他把握学科发展方向,倡议并参加拟订加速发展新技术的紧急措施,为我国半导体、自动化、电子学、计算机技术的起步,做了大量工作。他十分重视人才的培养。他是科学院研究生委员会主任,从 50 年代起,就亲自过问研究生的培养工作。中国科技大学创建后,他带头到学校讲授普通物理学等基础课程。他还非常关心青年科学家的成长。晚年还很关心自然科学史的研究工作。

1977 年 11 月 30 日吴有训在北京逝世,享年 80 岁。

1. 当年芝加哥大学校园内的中国留学生。 左起：吴有训、夏少平、蔡翘、潘菽、杨武之。

2. 1926年芝加哥大学物理实验室师生合影。前排右4为康普顿，4排右2为吴有训，3排右3
   为周培源，2排左8为谢玉铭。

吴

有

训

清风华影

1. 1933 年夏，吴有训第二次赴美国考察前，与前来送行的夫人王立芬及儿子冀生、惕生在上海合影。

2. 吴有训与夫人王立芬及儿子惕生、女儿希如在清华园。

3. 1935 年 7 月，中国物理学会欢迎狄勒克教授来访。前排左 3 起：吴有训、狄勒克、李书华、熊庆来、严济慈。

4. 1936年，清华大学物理系部分师生在科学馆门前合影。1排左起：陈亚伦、杨镇邦、王大珩、戴中扆、钱三强、杨龙生、张韵芝、孙湘，2排左起：周培源、赵忠尧、叶企孙、任之恭、吴有训、何家麟、顾柏岩，3排左起：赫崇本、张石城、张景廉、傅承义、彭桓武、陈芳允、夏绳武，4排左起：方俊奎、池钟瀛、周长宁、钱伟长、熊大缜、张恩虬、李崇淮、沈洪涛，5排左起：秦馨菱、戴振铎、郑曾同、林家翘、王天眷、刘绍唐、何成钧、刘庆龄。

5. 1937年，应吴有训（3排右4）之邀，丹麦著名物理学家 N.玻尔夫妇（1排右7、右9）访问中国，在北大演讲后，与中国科学界同仁合影。

吴
有
训

清
风
华
影

1. 1947年10月，吴有训出席在墨西哥举行的联合国教科文大会，后顺访美国并进行短暂研究。图为1948年吴有训在美国。

2. 1949年7月，吴有训（后排左3）出任上海交通大学校务委员会主任，9月出席中国人民政治协商会议第一届全体会议。与政协无党派人士合影。

3. 1946年，吴有训（2排左6）任中央大学校长时，与考取教育部公费留学生中的中央大学毕业生合影。

152

4. 1953 年，毛泽东同志接见侯德榜（左1）、吴有训（左2）、竺可桢（左3）三位科学家。

5. 20 世纪50 年代，毛泽东同志在吴有训（右2）陪同下参观"重水型原子反应堆"。

吴有训

1. 吴有训（左2）等参观民主德国科学院科研设备。

2. 1955年，从美国返回祖国的钱学森（左）到达北京，中国科学院副院长吴有训（右）等前往迎接。

3. 1956年6月，毛泽东、朱德、周恩来等党和国家领导人接见参加拟制全国长期科学规划工作的科学家合影（局部）。前排右3为吴有训。

4. 1959年2月至4月，任中国科学院副院长的吴有训（前排左2）率团出访东欧六国（波、捷、德、匈、罗、保）时与民主德国科学院签订科技合作协议。

5. 1973年9月，以加拿大科技部部长索韦夫人为团长的加拿大科学代表团访华，吴有训主持接见。

6. 1973年夏，吴有训夫妇（左）与冯友兰夫妇（右）在北京寓所前合影。

吴
有
训

清风华影

1. 1974年夏，吴有训（右1）及夫人王立芬（左2）在北京寓所与赴美多年的老友任之恭夫妇（左1、右2）重聚。

2. 1977年8月，吴有训与夫人在北京寓所与杨振宁（左1）及其弟杨振汉（右1）合影。

3. 1977年9月，吴有训（左3）出席全国自然科学规划会议。

参考文献

李宗平、卢司义、刘裕黑：《吴有训》（电视文学剧本），中共江西省高安县委宣传部，2004。

叶企孙
（1898.7.16—1977.1.13）

名鸿眷，字企孙。

生于上海。

物理学家，教育家。

中国近代物理学的开创者和奠基人之一。

中国科学院数学物理学部委员。

叶企孙

出生于书香门第，父亲叶景沄（字醴文）是前清举人，国学造诣很深，终身从事教育工作，1914 年至 1916 年任清华学校国文教师。这对叶企孙少年时期的成长有很大的影响。

叶企孙 1913 年至 1918 年在清华学校学习。1918 年 6 月清华学校毕业，同年 8 月入芝加哥大学物理系学习，1920 年 6 月获理学学士学位，9 月入哈佛大学研究院攻读实验物理。1921 年，他和他的导师 W. Duane 及 H. H. Palmer 合作测定普朗克常数值 h=（6.556±0.009）×10-27 尔格秒，被物理学界沿用 16 年之久。他独自研究的高压强流体静压对铁、镍、钴磁导率的影响达到当时国际先进水平。1923 年 6 月，叶企孙获美国哈佛大学哲学博士学位，回国前他参观访问了英、法、德、荷、比五国的大学和物理研究机构。他通晓德、英、法三种语言，通过这次访问他对欧洲高等教育情况有了较全面的了解，对他回国后的工作大有裨益。1924 年回国，任东南大学副教授。

1925 年 8 月，叶企孙应聘来清华任教。1926 年清华学校成立物理系，他任物理系教授、系主任。1928 年清华学校改为国立清华大学，他仍任物理系主任，先后主持物理系 10 年之久。1929 年清华理学院成立，叶企孙由教授会推选任院长，一直到 1937 年。叶企孙有渊博的学问，他以科学家的严谨态度从事领导工作。他广纳人才，没有门户之见。在任期间，先后聘请著名物理学家吴有训、萨本栋、周培源、赵忠尧、任之恭，数学家熊庆来，化学家张子高、黄子卿，植物学家李继侗等来校任教，为理学院尤其是物理系培养人才和科学研究奠定了良好的基础。

在教学上，他强调"授学生以基本知识，使能于毕业后，或从事于研究，或从事于应用，或从事于中等教育，各得门径，以求上进。科目之分配，则理论与实践并重，重质而不重量"。每班"人数务求限制之，使不超过约十四人"。规定物理入学考试分数应在 60 分以上，否则需补读高中物理。凡大学一年级"普通物理"成绩不到 75 分以上者不能入物理系。他教的课程有"普通物理"、"力学"、"热学"、"电磁学"、"光学"、"分子运动论"。基本概念讲得非常清楚，直到学生明白为止，并吸收国外最新研究成果和发挥自己的见解。著名原子能科学家钱三强说："至今我们这些老学生谈起来，仍觉得叶先生独创性的讲课给我们留下的印象很深刻。"叶企孙还重视实验课，规定"学生选修实验课的学分，不得少于理论课的二分之一"。

他组建了物理系的 7 个实验室和金木工厂及图书室，还从德国请到一位技术精湛的技工来制作实验仪器。他组建了理科研究所物理学部，包括 X 射线、无线电、光学、磁性等研究室。他在《清华学报》上发表了论文《清华学校大礼堂之听音困难及其改正》，并指导研究生在光学、磁学等方面进行研究，发表论文。

他明确提出，以研究科学为中心，以求中国学术独立，使物理系成为当时全国学术中心之一，培养大批优秀科学家。1999 年，国家表彰的 23 位"两弹一星功勋奖章"获得者中有 12 位是清华和西南联大物理系毕业生，有 2 位曾在清华和西南联大物理系任教，经他选拔推荐深造而后成为世界知名学者的还有诺贝尔物理学奖获得者杨振宁、李政道。

1930 年 9 月，他休假到德国哥廷根大学、柏林大学等进修一年。1931 年 9 月回清华，由于代理校务翁文灏请事假，叶企孙代行校务 3 个月。

叶企孙不仅是一位科学家、教育家，而且是一位富有正义感的爱国者。在抗战时期他提出，理学院的研究要配合时代需要，物理系学生研究的"赤内光线照相"、"方位测量器的制造及试验"等均可应用于军事侦察。1937 年"七七事变"后，清华大学决定南迁，叶企孙在设于天津的清华大学办事处负责清华师生南下的转站工作。他从熊大缜（原为清华物理系助教，后到冀中抗日根据地工作）处了解到根据地极端缺乏技术人才，迫切需要各种作战物资，就劝说一些高校学生和技术人员到冀中根据地参

1. 1925 年至 1927 年叶企孙在清华。

2. 20 世纪 30 年代，任清华大学理学院院长的叶企孙。

叶企孙

加工作，并借用清华经费万余元购买医药、医疗器械、电台组件、炸药原料等运送到冀中根据地。他后来还与根据地人员保持联系。1939年1月，以"唐士"为笔名在《今日评论》上发表文章《河北省内的抗战状况》，介绍冀中根据地人民艰苦斗争的情况。

叶企孙在西南联大期间，积极筹划在昆明建立清华大学特种研究所（包括航空、无线电、金属、农业和国情普查研究所），并担任特种研究所委员会主席。1941年9月至1943年7月在重庆中央研究院任总干事，后又回西南联大和清华。在1945年"一二·一"运动中，叶企孙代理联大常委会主席，他亲自主祭"一二·一"四烈士，组织法律委员会处理与惨案有关的控诉事件，伸张正义，保护学生。1948年任中央研究院院士、评议员。

1948年北平解放前，叶企孙拒绝有关方面南逃的邀请，毅然留下迎接解放。1949年5月，叶企孙受命担任清华大学校务委员会主席（1950年3月改为主任委员），主持校务。

1952年院系调整，叶企孙调入北京大学物理系任教授、金属物理教研室主任、校务委员会委员，1955年任磁学教研室主任。直到"文革"前夕，虽年近70高龄，仍亲自讲课，指导研究生。

叶企孙从1954年起，还兼任中国科学院自然科学史研究委员会副主任，筹办了科学院自然科学史研究室。1955年任中国科学院数学物理学部委员、常务委员。多次参加国家科学技术发展规划的讨论和制定工作，曾主持编写1956年、1967年科学技术发展规划56项（基础科学）物理学部分中的磁学分支科学规划。

叶企孙是第一届全国政协委员，第一、第二、第三届全国人大代表。他还是中国物理学会创始人之一，曾担任副会长、会长、理事长等职。

叶企孙为人正直，品格高尚。他终身独身，生活简朴，他的钱多数资助给他的学生与周围有困难的同志，他深得物理学界的尊重与爱戴。"十年动乱"中，由于冤案的株连，竟被拘捕一年多，使他身心健康受到极大摧残，于1977年1月13日含冤病逝。终年79岁。"文革"后得到平反昭雪。

1. 叶企孙（右2）与清华学校同班同学在"清华学堂"的大门口合影。

2. 1918年8月，清华学校赴美留学的同学在上海乘船时留影。4排左1为叶企孙。

叶企孙

1. 1919 年在美国芝加哥大学的中国留学生合影。2 排右 4 为叶企孙。

2. 1927 年 9 月在上海,中国科学社第十二次年会纪念。后排右 4 为叶企孙。

3. 叶企孙和挚友们在清华北院 7 号。左起：陈岱孙、施嘉炀、金岳霖、萨本栋、萧蘧、叶企孙、萨本铁、周培源。

4. 1931 年法国物理学家朗之万访华与中国学界同人合影。前排左 1 吴有训、左 3 朗之万、左 4 梅贻琦、左 5 叶企孙、左 6 严济慈；2 排左 2 周培源、4 排左 1 萨本栋。

叶企孙

4

1. 1934年，清华大学评议会全体成员。前排左起：叶企孙、蒋廷黻、张子高、梅贻琦、沈履、
   施嘉炀、萨本栋；后排左起：顾毓琇、吴景超、陈岱孙、杨武之、萧蘧。

2. 1936年秋，叶企孙（右1）、吴有训（右2）率清华大学师生代表团慰问演习的第29军抗日官兵。

3. 1935年清华大学物理系部分师生在礼堂前合影。左起，1排：戴中扆、周培源、赵忠尧、
   叶企孙、萨本栋、任之恭、傅承义、王遵明，2排：杨龙生、彭桓武、钱三强、钱伟长、
   李鼎初、池钟瀛、秦馨菱、王大珩，3排：郁钟正（于光远）、□□□、杨镇邦、□□□、
   谢毓章、□□□、孙珍宝、刘庆龄，4排：赫崇本、熊大缜、戴振铎、林家翘。

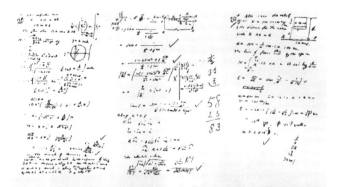

这是 1945 年叶企孙批改的李政道的电学试卷。这是理论部分考试，满分为 60 分，李政道得 58 分。另外还有实验部分，李得 25 分，总的考分为 83 分。1945 年政府给西南联大两名留美博士生的物理名额，西南联大物理系助教来尤亚被选上，刚从浙江大学转学过来不到一年的西南联大二年级学生李政道被破格选上。这份考卷因此被当时主持校务的叶企孙珍藏。

5

6

4. 1937 年 9 月，叶企孙患伤寒症，滞留天津。

5. 1945 年在西南联大，叶企孙批改的李政道的电磁学试卷。这是理论部分，满分为 60 分，李政道得 58 分；另外还有实验部分，满分是 40 分，李政道得 25 分。原因是李政道在做实验时，不小心把珍贵的电流计的悬丝弄断了。（这份试卷是叶企孙侄子叶铭汉在整理叶先生遗物时被发现的）

6. 参加 1948 年中央研究院第一次院士会议的院士合影（共 48 人）。1 排左起：萨本栋、陈达、茅以升、竺可桢、张元济、朱家骅、王宠惠、胡适、李书华、饶毓泰、庄长恭，2 排左起：周鲠生、冯友兰、杨钟健、汤佩松、陶孟和、凌鸿勋、袁贻瑾、吴学周、汤用彤，3 排左起：余嘉锡、梁思成、秉志、周仁、萧公权、严济慈、叶企孙、李先闻，4 排左起：杨树达、谢家荣、李宗恩、伍献文、陈垣、胡先骕、李济、戴芳澜、苏步青，5 排左起：邓叔群、吴定良、俞大绂、陈省身、殷宏章、钱崇澍、柳诒徵、冯德培、傅斯年、贝时璋、姜立夫。

1. 1949 年 10 月，陈毅参观清华大学时与学校主要负责人合影。前排左起：叶企孙（校务委员会主席兼理学院院长）、张奚若（校务委员）、陈毅、吴晗（校务委员会副主席），后排左起：潘光旦（校务委员兼图书馆馆长）、张子高（校务委员）、周培源（校务委员会副主席兼教务长）。

2. 叶企孙于 1964 年前后。

3. 1949 年 10 月，叶企孙（右 2）、陈梦家（右 1）、梁思成（右 3）等参观清华大学海南黎族文物展览。

4. 1962 年陪同英国剑桥大学教授李约瑟参观北京大学。前排左起：叶企孙、汤佩松、李约瑟。

5. 叶企孙于颐和园留影。

6. 1995 年 4 月，叶企孙先生铜像揭幕仪式在清华大学举行。揭幕嘉宾：右 1 为施嘉炀，右 2 为王淦昌。

叶企孙

清
风
华
影

1. 揭幕仪式来宾，前排左起：钱伟长、朱光亚、王淦昌、周光召、彭桓武、崔兴亚、叶铭汉，2排左1为梁守槃。

2. 2008年10月11日，叶企孙先生诞辰110周年纪念大会在清华大学举行，李政道在纪念大会上演讲。

3. 叶企孙先生诞辰110周年纪念大会会场。

参考文献

虞昊、黄延复：《中国科技的基石——叶企孙和科学大师们》，上海，复旦大学出版社，2008。

（叶企孙先生照片由其侄子叶铭汉院士提供，版权归叶铭汉所有。）

朱自清

（1898.11.22—1948.8.12）

原名自华，字佩弦。

祖籍浙江绍兴，生于江苏东海。

文学家，教育家，诗人。

朱自清

1916 年扬州中学毕业考入北京大学预科，1917 年考入北京大学哲学系，1919 年他积极参加"五四"新文化运动，1920 年 3 月加入"新潮社"，开始文学创作，5 月在北京大学提前毕业，暑假后到浙江省杭州第一师范教书，年底加入上海文学研究会。1920 年 9 月至 1925 年 7 月，他历任杭州浙江省立第一师范、扬州江苏省立第八中学、上海吴淞口中国公学、台州浙江省立第六师范、温州浙江省立第十中学、宁波浙江省立第四中学、上虞白马湖春晖中学的国文教员，并曾任江苏省立第八中学教务主任。这期间，著有使其成名的长诗《毁灭》与长篇散文《桨声灯影里的秦淮河》。与刘延陵、叶圣陶、俞平伯创办《诗》月刊，这是中国新文学运动史上第一个诗刊。并和周作人、俞平伯、叶圣陶、郑振铎等人合作出版了诗与散文合集《雪朝》、《踪迹》。在这几年的中学国文教学中，他和叶圣陶合作写了许多关于国文教学上的著作。当年几乎每一个中学生都读过他的文章、他的书而终生得到益处。

1925 年秋，朱自清受聘于清华学校大学部任教授，1926 年 3 月 18 日，为抗议段祺瑞执政府的卖国行径，朱自清和清华师生一同进城，参加集会、游行、请愿，目睹了"三一八惨案"这一历史惨剧，事后以极其悲愤的心情，写成《执政府大屠杀记》及《哀韦杰三君》二文。1928 年秋，朱自清和杨振声一起拟定清华中文系的课程，其中规定：大一、大二的"英文"都是必修。三、四年级的"西洋文学概要"、"西洋文学各体研究"、"中国文学研究"、"当代比较文学及新文学习作"等课程也都是必修。选修课程中又有"西洋文学专集研究"。在当时，这是国内第一个把新旧文学、中外文学结合在一起的大学中文系的课程。这期间，他写了著名的散文《荷塘月色》，并继《踪迹》后，集成《背影》一集付印。

1930 年秋，朱自清任清华大学中文系代理主任，力主办系的"科学化"、"现代化"的原则，坚持革新，认为大学中文系的使命是："批判的接受旧文化，创造并发展新的进步文学"，并亲自讲授"中国新文学研究"课程，受到同学的热烈欢迎，他的讲稿被称为"先驱者的足迹"。朱自清并认为：学习和研究新文学，中文系必须走"中外文合系"的路子，学好外文，"设置中外文学互选课"，研究外国思潮，做中外文学的"横通"和"兼通"的工作，"沟通融会中西文化"。

1931年8月赴英国，在伦敦大学攻读语言学及英国文学，1932年年初，他漫游法、德、荷兰、瑞士、意大利五国，当年7月回国，9月任清华大学中文系主任，1935年兼任清华大学图书馆主任，1936年辞去兼职。这期间，完成散文集《你我》、《欧游杂记》、《伦敦杂记》稿及《宋诗钞略》、《诗文评钞》两书，编选《新文学大系》丛书中的《诗集》。1937年7月，抗日战争爆发后，朱自清继续担任昆明西南联合大学中文系主任。1939年寒假，因健康原因，辞去联大中文系主任职务，曾赴成都休假一年。1941年秋回昆明，继续教学与研究。1946年5月清华大学复员北平，朱自清复任中文系主任。朱自清在清华大学执教二十余年，由于教学的需要，他开展古代文化的研究，自汉字、汉语语法、经史子集、诗文评、小说、歌谣之类，以及外国历史文学，无不涉猎研究，"注意新旧文学与中外文学的融合"，并把研究的成果应用到教学课程上。他先后讲授的课程有："国文"、"中国新文学研究"、"新文艺思潮"、"中国文学史"、"中国文学批评"、"古今诗选"等等。他是一位有精湛研究和贡献的学者。他不只注意到学术的高度和深度，更注意到广度。他写作《经典常谈》，用语体文写《古诗十九首释》，编中学国文课本，并和叶圣陶合著《精读指导举隅》、《略读指导举隅》，目的都是为了普及。

1946年8月18日，朱自清在成都各界人士举行的李公朴、闻一多烈士追悼会上，置个人安危于度外，报告闻一多生平。1946年10月朱自清回北平清华园，担任"整理闻一多先生遗著委员会"召集人。这期间完成《语文零拾》、《语文影及其他》、《论雅俗共赏》、《标准

1. 初到清华任教时的朱自清。
2. 20 世纪 40 年代的朱自清。

朱
自
清

与尺度》等书的写作，又和叶圣陶、吕叔湘合作编纂高中程度适用的《开明文言读本》。1947 年 2 月 22 日，和俞平伯、许德珩等联名发表《保障人权宣言》，抗议警宪以清查户口为名，午夜闯入民宅，肆行搜捕。1947 年年底，朱自清将闻一多的关于如何办好清华大学中文系的建议稿"联缀成篇"，题为《调整大学文学院中国文学外国文学二系机构刍议》，和他自己写的《关于大学中国文学系的两个意见》，在《国文月刊》上同时发表。1948 年 6 月 18 日，签名于《抗议美国扶日政策并拒绝领取美国面粉宣言》。1948 年 7 月 9 日签名抗议北平当局"七五"枪杀学生。1948 年 8 月 12 日，朱自清为穷困所病倒不幸去世，终年 51 岁。毛泽东在《别了，司徒雷登》一文中称赞说："朱自清一身重病，宁可饿死，不领美国的'救济粮'。""我们应当写闻一多颂，写朱自清颂，他们表现了我们民族的英雄气概。"

1. 朱自清（左 2）在北京大学读书期间，与友人在万寿山合影。

2. 1921年10月，浙江省立第一师范学生汪静之、潘漠华、魏金枝、柔石、冯雪峰等发起成立晨光文学社，聘请朱自清、叶圣陶担任顾问。这是成立后的留影。立者右2为朱自清；左2为叶圣陶。

3. 1921年11月9日，在上海半淞园与中国公学中学部友人合影。左起：舒新城、陈达夫、常乃德、朱自清、刘丙蔡、叶圣陶、吴有训等。

清风华影

桨声灯影里的秦淮河　朱自清

1. 1922年年初，朱自清与鲁迅、周作人、茅盾、冰心、叶圣陶、许地山等一道被聘为《小说月报》"特约文稿担任者"。朱自清的小说《别》、《笑的历史》先后在此刊发表。

2. 1920年3月，朱自清加入新潮社。该社是由北大学生罗家伦、傅斯年等于1918年10月发起成立的一个倡导新文学运动的社团，在"五四"时期有着重要影响。图为新潮社的刊物《新潮》，朱自清的第一篇译文《心理学的范围》刊于《新潮》第2卷第3号上。

3. 1923年暑假，朱自清与俞平伯同游秦淮河后，相约以"桨声灯影里的秦淮河"为题，各写一篇散文。这两篇同题散文，同时发表在1924年1月25日《东方杂志》第21卷上。图为杂志封面和原文首页剪贴。

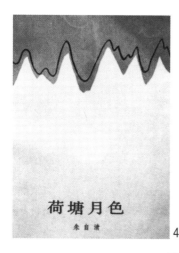

4. 1927年7月，朱自清写下了散文名篇《荷塘月色》。图为以《荷塘月色》为书名的封面。

5. 1931年朱自清与陈竹隐女士合影。第二年8月4日，两人在上海结婚。

6. 1931年8月，朱自清（前排右2）赴英国留学前与清华大学中国文学会全体师生合影。

1. 1933年朱自清与友人在清华园北院9号门前留影。北院9号为朱自清1933年2月至1936年3月的居住地。

2. 朱自清与夫人陈竹隐摄于清华大学照澜院18号。

3. 1932年朱自清（2排右2）与英国友人摄于伦敦。

4. 1936年11月，朱自清（左3）代表清华教职员到绥远集宁前线慰问抗日将士，与将士们合影。

5. 1944年，为欢送罗常培教授赴美国考察，西南联大中文系5位教授在昆明大普吉镇合影。
   左起：朱自清、罗庸、罗常培、闻一多、王力。

朱
自
清

1. 1935 年秋，朱自清受聘担任《清华学报》编辑委员会主任。图为学报封面。

2. 1946 年，朱自清与夫人陈竹隐及子女朱乔森、朱思俞、朱蓉隽合影。

3. 20 世纪 30 年代，清华大学中国文学会同仁合影。左 7 为朱自清。

4. 1935年，朱自清作清华大学第十级级歌歌词，号召同学少年，一往气无前。

5. 朱自清摄于 1948 年。

6. 20 世纪 40 年代，清华大学中文系师生合影。中为朱自清。

1

2

3

1. 1948年6月18日，朱自清在拒绝"美援"和"美援面粉"的声明上签名。6月19日起，平津各大报纸刊登朱自清等110名教师签名的严正声明和报道。

2. 毛泽东同志《别了，司徒雷登》一文手迹。

3. 1987年春，陈竹隐、朱闰生等在清华园朱自清雕像旁。

参考文献

赵所生、吴为公主编：《朱自清》，南京，江苏教育出版社，1998。

潘光旦

（1899.8.13—1967.6.10）

字仲昂。

江苏宝山人。

社会学家，优生学家。

潘光旦

1913 年考入清华学校，他勤奋好学，乐于助人，成绩优秀，课外活动的爱好也是多方面的。1916 年，因体育活动时摔伤了腿，结核菌侵入伤处，不得不锯掉了右腿。1922 年 7 月，赴美留学。先在纽汉普夏州哈诺浮镇达茂大学插班三年级读生物学，1924 年毕业获学士学位。后又入哥伦比亚大学攻读动物学、古生物学、遗传学，1926 年获硕士学位，其间，他对优生学产生了浓厚兴趣。

1926 年秋，潘光旦由美回国，到 1934 年，先后或同时在上海政治大学、东吴大学、光华大学、大厦大学、暨南大学、复旦大学、沪江大学等校任教，讲授"心理学"、"优生学"、"家庭问题"、"进化论"、"遗传学"等课程。他一面认真执教，一面辛勤笔耕，曾兼任上海《时事新报》副刊《学灯》与《书报春秋》的主编，上海英文版《中国评论周报》的编辑，及主编《优生月刊》、《华年》周刊等刊物，发表了大量有关优生和家庭问题的文章，并出版过《优生概论》、《中国之家庭问题》、《日本德意志民族性之比较的研究》、《读书问题》、《画家的分布、移殖与遗传》等专著，以优生学及家庭问题专家蜚声海内外。

1934 年 8 月，潘光旦应聘到清华大学社会学系任教。在清华除讲授"优生学"、"家庭问题"、"西洋社会思想史"外，又逐步开出了"人才论"、"家庭演化"、"儒家之社会思想"等课程。从 1934 年至 1937 年，先后出版的专著有：《近代苏州的人才》、《明清两代嘉兴之望族》、《人文史观》、《民族特性与民族卫生》等。在教学、著书之外，从 1935 年起兼任清华大学教务长。

1937 年"七七事变"后，潘光旦随清华南迁，先在长沙临时大学历史社会学系任教，并兼任校注册组主任，1938 年 4 月兼任联大教务长至 8 月，1945 年再次兼任此职。1943 年起在昆明西南联合大学担任社会学系主任。先后出版了《中国伶人血缘之研究》、《优生与抗战》、《自由之路》等书。1941 年秋，参加中国民主政团同盟。1944 年中国民主政团同盟改名为中国民主同盟，潘光旦当选民盟中央常委，并任民盟云南支部委员，参加创办和编辑民盟机关刊物《民主周刊》。在反内战、争民主的"一二•一"运动中，潘光旦积极参加联大教授会的各项活动，支持和参加民主运动。

1946年10月，潘光旦随清华大学回到了北平，继续执教于社会学系并担任系主任，同时兼任图书馆馆长。这时，他仍笔耕不辍，在《观察》、《新路》、《世纪评论》等报刊上发表了不少文章，并出版了《政学罪言》一书。

新中国成立后，他努力学习马列主义，改造思想。1949年潘光旦任清华大学校务委员会委员，继续任图书馆馆长。1950年当选民盟清华大学区分部主任委员。1951年完成了恩格斯的《家庭、私有制和国家的起源》的译注工作。1951年春，响应政务院的号召，前往苏州、无锡、吴江、常熟等地参观土改运动，在参观过程中撰写了《谁说江南无封建？》等文章，分别发表在《人民日报》、《光明日报》、《新观察》等报刊上，后汇集成《苏南土改访问记》，于1953年由三联书店出版行世。

1952年院系调整后，潘光旦到中央民族学院任教授，一直从事少数民族历史的研究，曾多次去少数民族地区进行调查访问。1953年完成了《开封的中国犹太人》（前编），这是研究我国犹太人历史的第一部专著。潘光旦一生涉及广博，在性心理学、社会思想史、家庭制度、优生学、人才学、家谱学、民族历史、教育思想等众多领域都有很深的造诣。他还翻译了恩格斯的原著《玛尔克》。在中国现代教育史上，他是主张通才教育的教育家之一。他在教育上的最具特色的贡献是提出了"位育"之道——这可能是中国学界自严复后将传统文化精神与西方先进的科学知识进行结合的最早成功的范例。从1949年到1957年，他一直是民盟中央常委、民盟总部宣传委员和文教委员，为文教工作尽心尽力，作出了贡献。

1967年6月10日在北京病逝，终年68岁。

1. 1918年潘光旦在清华学校。

2. 1924年7月，潘光旦美国达茂大学毕业留念。

潘光旦

1. 1913年至1914年，清华学校中等科一年级合影。5排右2为潘光旦，4排左2为闻一多。
2. 清华学校时期的潘光旦（前排左3）与学友们。

3. 1928年潘光旦（右）、顾毓琇（中）、闻一多（左）在上海。

4. 20世纪30年代在清华大学。前排左起：叶企孙、潘光旦、罗家伦、梅贻琦、冯友兰、朱自清，后排左起：刘崇铉、蒲薛凤、陈岱孙、顾毓琇、沈履。

1. 1935 年 3 月，清华大学社会学系师生于大礼堂前。前排左 2 起：吴景超、潘光旦、史禄国（S. M.Shirokogoroff）教授。

2. 1936 年任清华大学教务长的潘光旦。

3

4

3. 1936 年，潘光旦在清华大学新林院 11 号门前种的葫芦长出了一对并蒂葫芦，他十分喜欢，因此将自己的书房命名为"葫芦连理之斋"。"文革"期间，葫芦被红卫兵抄家时丢掉，又被费孝通偷偷捡回精心保管，后归还潘先生子女。

4. 1936 年秋，清华大学社会学系师生于大礼堂前。前排右 3 起：潘光旦、陈达、李景汉。

潘光旦

1. 1940 年左右在昆明西郊大河埂住处院内。后排右起：赵世昌、潘光旦、潘光旦夫人赵瑞云、刘文英。

2. 1941 年冬潘光旦全家在昆明西郊大河埂住处院内。

3. 1942 年春在昆明西郊大河埂。后排右起：沈有鼎、赵瑞云、潘光旦、赵世昌、沈履、杨葆康。

5

6

4. 1947 年 7 月 8 日，清华大学社会学系 1947 级毕业纪念。前排中为潘光旦。

5. 1947 年 4 月 15 日，潘光旦应吴泽霖之嘱为清华 1921 级所建"闻亭"书的匾额。

6. 1947 年冬，潘光旦在清华大学新林院 11 号住所与社会学系 1951 级学生合影。

潘
光
旦

清风华影

1. 1950 年 6 月，潘光旦列席中国人民政治协商会议第一届全国委员会第二次会议时照片。

2. 1953 年春，潘光旦与夫人赵瑞云在清华大学新林院 11 号阳台。（张祖道摄）

3. 1948 年 2 月 29 日，潘光旦与女儿在清华大学新林院 11 号阳台。

4. 1956 年春，潘光旦在中央民族学院寓所。
 （张祖道摄）

5. 1957 年 1 月 6 日夜，潘光旦（拿烟斗者）
 外出调查时与土家族老人座谈。（张祖道摄）

6. 1955 年 5 月，潘光旦（左）、费孝通（右）
 在中央民族学院寓所前研究古籍中的少数
 民族问题，中为费夫人孟吟。（张祖道摄）

潘光旦

1. 20 世纪 40 年代的社会学家潘光旦。

2. 1957 年 1 月 19 日,潘光旦社会调查时途经湖北巴东县巴山绿葱坡山顶留影。左起:杨重野、潘光旦、朱家煊、司机杨师傅。(张祖道摄)

参考文献

1. 吕文浩:《潘光旦图传》,武汉,湖北人民出版社,2006。
2. 张祖道:《1956,潘光旦调查行脚》,上海,上海锦绣文章出版社,2008。

(潘光旦先生照片由其女潘乃穆教授提供,版权归潘乃穆所有。)

闻一多

（1899.11.24—1946.7.15）

原名家骅，又名亦多，
在清华学校读书时名多。
湖北浠水人。
诗人，学者，民主战士。

闻一多

1910年到省城武昌，入两湖师范附属高等小学读书。不到一年，辛亥革命爆发，离校回家。第二年春，又回到武昌，先后就读于民国公学和实修学校。1912年秋，在武昌考取了北京清华学校。他勤奋好学，"好文学及美术，独拙于科学，亦未尝强求之"。他的古典文学修养和文采，深为同学们所赞佩，曾先后担任《清华周刊》、《清华学报》的中文编辑。

1919年，他和清华学校同学一起积极参加了五四运动。后来，他在回忆这段历史时说："'五四'时代我受到的思想影响是爱国的、民主的，觉得我们中国人民应该如何团结起来救国。"

"五四"以后，他投入了社会改良和新文化运动。1920年4月，发表了《旅客式的学生》一文，批评清华学生中一些人的贵族腐败习气，表达了改良社会、改良清华的热切愿望。同年7月，发表了他的第一首新诗《西岸》，抒发了先进青年对光明的追求与向往的心情。从此，他以一位新诗歌的开拓者、探索者和热情奔放的新诗人的形象，出现在清华学生诗坛，先后发表新诗二十多首，被同学们誉为"诗人兼革新家"，并且说："他的革新偏重在诗的方面。"

1921年6月，在闻一多正积极迎接毕业考试的日子里，北京爆发了以李大钊为首的8校教职员的索薪斗争。闻一多因坚决参加声援这一斗争的"同情罢考"，被学校当局罚以"留级一年"。因此，他到1922年5月才毕业，于7月赴美留学。

闻一多在美国，先后就读于芝加哥美术学院和珂泉科罗拉多大学，努力攻研美术，并继续从事新诗创作。他认为：诗人主要的天赋是爱，爱他的祖国，爱他的人民。在《忆菊》一诗中，他写道："我要赞美我祖国的花！我要赞美我如花的祖国！"在此思想指导下，他的第一个诗集《红烛》出版问世。

1925年，闻一多因不堪美国的民族歧视，加之爱国思乡心切，提前结束学业回国。暑假后，任教于北京艺术专科学校，任教务长。这年3月，闻一多创作了著名的《七子之歌》。1926年参加了北京《晨报副刊》的编辑工作，在《诗镌》创刊号上发表了《文艺与爱国　纪念三月十八日》一文，热情歌颂"三一八"

死难烈士，并着重声明："我希望爱自由、爱正义、爱理想的热血要流在天安门，流在铁狮子胡同，但也要流在笔尖，流在纸上。"从此，他笔耕愈勤。1928年1月，他的第二个诗集《死水》出版，奠定了他在中国诗坛的地位。这年3月，《新月》杂志创刊号出版，闻一多是该刊三位编辑之一。他在编辑《诗镌》和《新月》期间，对新诗创作和新诗格律理论作出了重要贡献。

在此前后，闻一多曾任教于上海政治大学、南京第四中山大学、武汉大学和青岛大学。1932年秋，闻一多到清华大学中文系任教授，除了讲一年级的"国文"外，还讲授"王维及其同派诗人"、"杜甫"、"先秦汉魏六朝诗"等课程。一年后，他在给友人的信中说："我近来最痛苦的是发现了自己的缺陷，一种最根本的缺陷，不能适应环境。因为这样，向外发展的路既走不通，我就不能不转向内走。在向内走的路上，我即得着很大安慰，因为我证实了自己在这向内的路上，很有发展的希望。"所谓"转向内走"，即在他感到参加"大江社"和"新月社"等所谓"向外发展的路"走不通时，希图另寻一条救国道路，于是钻进书斋，转向从事中国古典文学的研究，特别是对于《唐诗》、《楚辞》的研究。此时，他已成为一位深沉的学者。

1937年"七七事变"后，清华大学南迁，闻一多随校到长沙临时大学、昆明西南联合大学任教，他和广大同学一起，由长沙步行至昆明。西南联大文学院先设于蒙自，闻一多在这里住在一座小楼上，整天伏案工作，潜心治学，不涉时事，极少下楼，被同事戏称为"何妨一下楼主人"。

但是，到了抗战后期，祖国苦难深重的严酷现实，蓬勃开展的青年运动，深深地激发了他满腔的爱国赤诚。面对国民党的腐败独裁，

1. 1925年5月，闻一多怀着"振兴国剧"的美好理想提前归国。
2. 闻一多在芝加哥美术馆前留影。

闻一多

他拍案而起，走出书斋，加入了变革社会的斗争行列。他大声疾呼："现在只有一条路——革命！"1944年，经吴晗介绍，他加入了中国民主同盟，被选为民盟云南支部委员，1945年被选为民盟中央执行委员，并任《民主周刊》的编委（后为社长）。从此，他更积极地投身于民主运动，成为著名的民主斗士！

闻一多为了探求救国救民的真理，在共产党人的帮助下，孜孜不倦地阅读《共产党宣言》等马克思主义著作，思想发生了新的飞跃。他说："我现在思想豁然开朗了，过去我只晓得抽象的爱国，不知爱什么国，甚至错误地认为'国家主义'就是爱国主义。现在我才知道'国家主义'是反动的，爱国只能爱新民主主义的国，现在为新民主主义而奋斗，将来为社会主义、共产主义而奋斗！"

1945年"一二·一"运动中，他始终与爱国进步学生站在一起，英勇斗争，走在游行队伍的最前列。1946年7月15日，他不顾国民党特务的恐吓，在"李公朴先生死难经过报告会"上，发表了著名的《最后一次演讲》，横眉怒对国民党特务的手枪，庄严宣布："我们不怕死……我们随时像李先生一样，前脚跨出大门，后脚就不准备再跨进大门！"下午，他又出席了《民主周刊》社为李公朴被特务杀害举行的记者招待会，会后，在回家的路上，惨遭特务枪杀，时年48岁。毛泽东、朱德17日致唁电表示"至深悲悼，先生为民主而奋斗，不屈不挠，可敬可佩"。毛泽东在《别了，司徒雷登》一文中称赞说："闻一多拍案而起，横眉怒对国民党的手枪，宁可倒下去，不愿屈服。""我们应当写闻一多颂，写朱自清颂，他们表现了我们民族的英雄气概。"

1948年，朱自清等人集其主要著作辑为《闻一多全集》，共4册8集，由开明书店出版。

1. 《清华年刊》图画部编辑合影，中为闻一多。

2. 1916 年 10 月 9 日，清华辛酉级（1921 年毕业）学生演出《蓬莱会》并获全校戏剧比赛第一名。图为获奖后合影，后排右 2 为闻一多。

3. 1917 年，清华辛酉级中等科学生毕业。以闻一多（后排右 1 倚树者）为总编辑的级刊《辛酉镜》全体编辑合影。

闻一多

197

1. 清华辛酉级高等科级会委员合影。左起：罗隆基、何浩若、吴泽霖、钱宗堡、时昭泽、闻一多、沈宗濂。

2. 1919年9月，闻一多（3排右3）、杨廷宝等发起成立清华美术社，社员有冀朝鼎、高士其、梁思成、沈宗濂、闻亦传、唐亮等。图为美术社全体社员合影。

3. 1922年2月，闻一多与高孝贞在湖北浠水巴河老宅结婚。图为闻一多当时的留影。

4. 1922年7月，闻一多赴美留学前夕在上海与父兄留影。左起：闻家騄（三兄）、闻廷政（父亲）、闻亦宥（十兄）、闻一多。

5. 1937年"七七事变"后，闻一多与家人避居武昌，在磨石街家居门前合影。

闻

一

多

清风华影

1. 1934年夏，闻一多与胞弟闻家骊等在清华大学西院46号寓所前合影。左起：二侄闻立勋、长子闻立鹤、闻家骊、三子闻立鹏、闻一多、高孝贞、次子闻立雕。

2. 1938年9月到1939年10月，闻一多全家住在昆明武成路福寿巷3号。图为闻一多与三子立鹏、长女闻名在院内合影。

3. 1938年4月29日，西南联大湘黔滇旅行团抵达昆明的次日，西南联大负责人与旅行团辅导团全体成员合影。1排左起：黄钰生、李继侗、蒋梦麟、黄师岳（陆军中将、步行团团长）、梅贻琦、杨振声、潘光旦，2排左起：李嘉言、毛鸿（教官）、卓超（教官）、许维遹、闻一多、□□□（总务负责人）、□□□（医生），3排左起：吴征镒、徐行敏（医生）、邹镇华（教官）、杨石先、袁复礼、沈茀斋、曾昭抡、郭海峰、□□□（医生）、毛应斗，缺王钟山。（吴征镒提供）

4. 1939年春，西南联大师生演出抗战话剧《祖国》，闻一多负责布景设计和灯光。演出十分成功，布景被人们赞为"诗人的布景"。图为《祖国》上演时闻一多的留影。

5. 1939年8月，闻一多游览昆明西山。

6. 1940年10月，为避免再度遭受日机轰炸，闻一多阖家迁往昆明市北郊大普吉镇。图为闻一多与长子闻立鹤、长女闻名在镇外风雨桥头合影。

7. 1943年5月25日，西南联大中文系师生欢送本届毕业同学，演出吴祖光创作的《风雪夜归人》。图为闻一多担任这部话剧的舞台设计时留影。

闻一多

1

2

3

4

1. 1945年2月，西南联大学生社团悠悠体育会组织部分师生前往云南省路南县游览自然名胜石林，闻一多在景区。

2. 1946年2月17日，昆明政治协商会议促进会等十团体在联大新校舍联合召开庆祝政协会议成功，抗议重庆"二一〇"惨案，坚持严惩"一二·一"惨案祸首大会，大会主席闻一多在演说。

3. 1946年6月闻一多治印。（赵沨摄）

4. 1946年5月3日西南联大结束前夕，即将复员返回平津的中文系师生在西南联大新校舍中文系教室前合影留念。2排左起：浦江清、朱自清、冯友兰、闻一多、唐兰、游国恩、罗庸、许维遹、余冠英、王力、沈从文。

5. 闻一多与夫人高孝贞在西南联大宿舍院内篱笆墙前合影。（赵沨摄）

6. 1946年6月，闻一多生前与家人在一起留下的最后影像，地点在西南联大西仓坡宿舍院内。左起：闻立鹏（三子）、闻一多、闻立鹤（长子）、高孝贞、闻翾（次女）、闻名（长女）、赵妈（保姆）、闻立雕（次子）。（赵沨摄）

7. 1947年7月闻一多先生遇难周年追悼会在清华大学礼堂举行。

8. 闻一多先生死难周年纪念会后，部分与会者在清华大学大礼堂前合影。左起：潘光旦夫人赵瑞云、闻名、高孝贞、吴晗、张奚若、潘光旦、朱自清、李广田、许维遹、余冠英。（张祖道摄）

闻一多

清风华影

闻一多先生像　夏子颐木刻

1. 清华大学校园内闻一多雕像（1986年10月立，作者钱绍武）。

2. 闻一多先生像（夏子颐木刻）。

3. 20世纪80年代，高真（原名高孝贞，左2）与子女闻立雕、闻立鹏、闻名一起阅读《闻一多全集》。

4. 1993年5月18日，闻一多纪念馆在闻一多故乡湖北省浠水县古清泉寺遗址建成开馆。图为纪念馆序厅壁画《红烛序曲》（作者闻立鹏、张同霞）。

参考文献

闻立树、闻立欣编著：《拍案颂——闻一多纪念与研究图文录》，北京，北京图书馆出版社，2007。

（闻一多先生照片由其侄子闻立欣先生提供，版权归闻立欣所有。）

陈岱孙

（1900.10.20—1997.7.27）

原名陈总。

福建闽侯人。

经济学家，教育家。

陈岱孙

出生于书香门第，少年时代在家乡接受了九年半的传统私塾教育，打下了坚实的文史功底。1915 年考入福州名校英华中学三年级，以两年半的时间读完了四年的课程。1918 年夏，参加了清华学校在上海的插班生考试，考入高等科三年级。学习期间，1919 年五四运动爆发，激发陈岱孙进一步思考中华民族何以积贫积弱的原因，意识到富强是中国的当务之急，他由此产生了"经济救国"志向。

1920 年夏，陈岱孙以优异的成绩从清华学校毕业。这年秋天，报着"学得一些有用的知识，回来为祖国效力"的理想，进入美国威斯康星州立大学学习经济学。1922 年取得学士学位，并以出色的成绩获得金钥匙奖，之后进入哈佛大学研究院经济系学习。在哈佛四年中，除了攻读经济学专业书籍外，他还常常阅读其他社会科学、哲学、历史等名著，不断丰富自己的知识结构。1926 年，他获得哈佛大学哲学博士学位。

1927 年，陈岱孙在游学欧洲近一年后回到祖国，9 月应聘回母校经济系执教，成为学校最年轻的教授之一。此时的清华，正值改办大学之际，于 1926 年成立的经济系，无论从师资、教学还是课程设置等方面来说，都还处于起步阶段。1928 年他担任经济系主任，上任伊始，一面投身于繁重的教学工作，一面致力于经济系的建设与发展。他鼓励学生不仅要注重"本系课程的基础"，而且应注重诸如政治、历史、哲学、心理、算学等知识的基础。在他的宣导和主持下，经济系确定了"理论、事实及技术三者兼重"的培养目标。经过几年的发展，经济系的规模逐渐扩大，学生人数在众多院系中，仅次于土木工程学系。

1929 年，根据当时颁布的大学组织法，清华开始形成校、院、系三级组织结构，成立文、法、理三个学院，陈岱孙又就任法学院院长，同时成为教授会、校务会议、评议会成员，开始参与校务管理。他始终以高度的责任感，与学校同呼吸共命运。在西南联大异常艰苦的条件下，作为西南联大教授、经济系主任，他与师生们一道，坚守着教育、学术阵地，为国家培养了众多优秀学子，为抗战和国家经济建设积极建言。

1945 年 11 月，陈岱孙和土木系教授王明之先期回到北平，组织并主持"清华校舍保管委员会"工作。面对战后满目疮痍的校园、被日军严重破坏的校舍，以及众多等待遣返的日军伤兵，他带领 30 多名工作人员，开始了紧张而艰难的交涉与修复工作。经过 10 个月的艰苦努力，完成了返校师生的安置与秋季学期开学的准备工作。

1946 年 9 月至 1952 年 8 月，陈岱孙担任清华大学教授、法学院院长、经济系主任；1952 年院系调整时，陈岱孙调往中央财经学院，任第一副院长；1953 年 10 月又调入北大经济系，任系主任至 1984 年。他还是第二届至第八届全国政协委员，第六、七届全国政协常委。

陈岱孙是一位热爱祖国、坚持真理、追求进步的学者。1945 年他和西南联大张奚若、闻一多、朱自清、钱端升等教授联名发表了《十教授的公开信》，坚决要求蒋介石停止内战，希望政治协商会议成功和中华民族独立解放。1948 年清华园解放前夕，他挺身而出，和进步师生一道坚决抵制国民党政府将学校南迁的计划，坚持留在北平迎接清华的解放和新生。

在 1952 年院系调整时，陈岱孙离开了清华，但他对清华的热爱之情从未改变。1980 年校庆时，这位已 80 高龄的老人欣喜地表示，愿为母校新恢复的经济管理工程系"尽我们的力量，做我们力所能及的事"。1984 年，他被聘为清华大学经管学院首批名誉教授，为学院的发展建设提出了许多宝贵建议。同时，自 1981 年清华校友总会恢复活动以来，陈岱孙先后担任副会长、名誉会长，为联络海内外清华学子，加强彼此间的联系与交流，关心母校发展，付出了很多心血，他是为母校工作服务年限最长、奉献最大的校友之一。

陈岱孙在财经学、统计学、国际金融、经济学史等方面都有极高研究成就。他密切关注我

1

2

1. 1922 年陈岱孙在美国威斯康星州立大学获学士学位。

2. 20 世纪 30 年代，任清华大学法学院院长时的陈岱孙。

陈岱孙

国社会经济建设中的重大理论和实践问题，对于如何认识和把握我国经济生活的现状和规律，确定改革和发展的总体取向，提出了自己重要的意见。他主张对于经济现象的研究要注意定性分析和定量分析两个方面，批评忽视数量分析的倾向。在经济学史的研究中，他指出魁奈经济表不仅涉及简单再生产，而且对扩大再生产也作了说明。他对于"亚当·斯密矛盾"也有缜密的研究。对于西方经济学和经济政策，指出不能一概排斥，也不应全盘接受，认为中国和西方国家经济制度不同，现代西方经济学的整个体系不能成为中国国民经济发展的指导思想，而在一些具体问题的分析方面，可以供我们参考与借鉴。主张中国不能走某些西方国家以扩展财政政策和货币政策为特点的老路，在制定国家经济发展战略和政策时一定要从我国的国情出发，应当从发展生产力着眼，不断提高劳动生产效率，增加供给，同时要注意加强宏观调控。

陈岱孙在 70 年的经济学教育中，为国家培养了大批人才，同时也形成了自己的经济学教育理论。他认为应将专才和通才教育结合起来，强调经济学的教学研究，一定要理论联系实际，主张实行基础理论和应用科学的恰当结合，坚持培养经济科学人才要加强基础理论、基本知识和基本技能的全面训练。陈岱孙学识之渊博，教学艺术之高超，素享盛誉，是经济学界一代宗师。

回顾自己的一生，陈岱孙曾谦逊地说：我这辈子只做了一件事——教书。1997 年 7 月 27 日，他走完了 97 年平凡而杰出的一生。在生命的最后时刻，他对护士说："这里是清华大学。"

1. 1937 年陈岱孙在清华园新居前。

2. 陈岱孙（右）与李干（中）等于1922年在美国留学时合影。

3. 1944年春，陈岱孙（前排右2）与西南联合大学商学系1945级同学在昆明合影。

1. 陈岱孙（左）与好友周培源。

2. 年轻的陈岱孙教授。

3. 抗战期间陈岱孙（左2）与好友叶企孙（左1）、周培源（右2）、钱端升（右1）在一起。

4. 1945 年 11 月，陈岱孙任清华大学保管委员会主席"一周工作七日"情景。

5. 1969 年陈岱孙与外甥女唐立苏合影。

6. 陈岱孙（左 1）与友人在清华大学礼堂前。

7. 陈岱孙（中排右 4）在清华与同仁合影。

陈岱孙

1. 1980 年陈岱孙于北京大学未名湖畔。

2. 1986 年参加清华大学校庆活动。前排左 2 起：荣高棠、陈岱孙、钱端升。

3. 1988 年 4 月 24 日参加清华大学举行的西南联合大学纪念碑落成典礼。右起：施嘉炀、陈岱孙、周培源、赵访熊、朱德熙。

4. 陈岱孙过生日。左起：陈荷、戴世光夫人、孙家琇、戴世光、陈岱孙、陈振汉、巫宝三、陈振汉夫人、厉以宁夫人、厉以宁。

5. 四位毕业于哈佛大学的经济学家1984年相聚于华中理工大学。左起：张培刚、陈岱孙、陈彪如、谭崇台。

6. 1992年6月4日，清华大学为三位老学长庆祝九旬华诞，陈岱孙前来祝贺。左起：顾毓琇、陈岱孙、赵忠尧、施嘉炀。

1. 陈岱孙在会议上讲话。

2. 陈岱孙与老同事顾毓琇夫妇（左1、右1）及其子顾慰庆（右2）。

3. 陈岱孙教授1994年参加清华大学经济管理学院成立10周年庆祝大会时与管理学院院长朱镕基同志、清华大学校长王大中（前排右3）等同人合影。

1

2

3

4. 讲坛上的陈岱孙。

5. 陈岱孙（右3）主持中国人民银行总行金融研究所研究生部九三届博士生论文答辩会。

6. 老友赵访熊（中）、施嘉炀（右）到陈岱孙老学长家中为他祝贺生日。

清
风
华
影

1. 陈岱孙 95 岁华诞时在北大住所前与亲友合影。

2. 1996 年陈岱孙在读报。

3. 陈岱孙（前排中）1997 年 6 月 6 日最后一次与学生合影。

参考文献

唐斯复主编：《陈岱孙纪念文集》，福州，福建人民出版社，1998。

梁思成

（1901.4.20—1972.1.9）

广东新会人。

建筑学家，教育家。

中国科学院技术科学部委员。

梁思成

1901年4月20日在日本东京出生时，是他父亲梁启超因"戊戌政变"失败后流亡日本的第三年。童年时代的梁思成在日本的华侨学校上学，在父亲的影响和督促下，梁思成自幼就攻读《左传》、《史记》等古籍，使他对中国传统文化有良好的基础和浓厚的兴趣。当时是甲午之战和庚子赔款以后，中国屡受外国欺凌，这种环境培养了梁思成浓厚的爱国主义和民族意识。

1915年至1923年就读于北京清华学校。1924年赴美留学，1927年毕业于宾夕法尼亚大学建筑系，获硕士学位。1927年至1928年入哈佛大学研究院学习。1928年9月回国，任沈阳东北大学教授，创办建筑系并任系主任。1931年至1946年担任中国营造学社研究员和法式部主任。1941年担任中央研究院研究员。1946年任清华大学教授，创立清华大学营建学系，并任系主任。

1946年11月至1947年6月，应美国耶鲁大学之聘赴该校讲学，并考察战后美国现代建筑教育。1947年1月至6月，任联合国大厦设计委员会顾问。1947年4月，接受美国普林斯顿大学荣誉文学博士学位。翌年3月，被遴选为中央研究院院士。

从1948年12月起，一直担任清华大学教授、营建学系（院系调整后称建筑系）主任。1959年加入中国共产党。曾当选为第一、二届全国人大代表及第三届全国人大常委，第一届全国政协代表，第三届全国政协常委，第一、二、三届北京市政协副主席。历任北京市都市规划委员会副主任，北京市城建委员会副主任，中国建筑学会副理事长，中国科学院技术科学部委员，中国建筑科学院建筑历史理论研究室主任等职。

梁思成在建筑学学术研究方面，成绩斐然。自30年代起，他对我国古代建筑进行了大量的系统的调查研究，是一位著名的古建筑专家。1932年4月，他对蓟县独乐寺山门和观音阁做了测绘，发表了《蓟县独乐寺山门考》。这是中国人第一次用科学方法对中国古建筑进行较详细研究的成果。其后他对正定、大同、宝坻等地的古建筑作了大量的调查研究，写出了《正定古建筑调查纪略》、

《大同古建筑调查报告》、《宝坻县广济寺三大士殿》、《云岗石窟中所表现的北魏建筑》、《赵县大石桥》、《晋汾古建筑预查纪略》和《曲阜孔庙之建筑及修葺计划》等十余篇论文和报告，将从汉、唐、宋、辽到明清各代的一座座古建筑珍宝展现在人们面前。在以上这些丰硕成果的基础上，1934年他编著了《清式营造则例》一书。这部著作第一次将繁杂的中国古建筑的创造和形制作了科学的整理和分析，对清代建筑的各部分作法、制度作了较详细的介绍和论述。几十年来，它成了初学中国古建筑的入门必读书和讲授中国古建筑不可缺少的参考资料，同时也是如今古建筑修葺工作人员常用的工具书。

1937年抗战后，梁思成和刘敦桢等带着营造学社由北平辗转迁至四川南溪县李庄。他身患重病，克服了难以想象的物质困难，仍带领几位研究人员在困境中坚持古建筑的研究。1944年，梁思成开始撰写《中国建筑史》。在林徽因、莫宗江和卢绳等人的协助下，这部由中国人自己撰写的中国古代建筑史终于在李庄完成。在这部著作中，梁思成根据大量的调查和文献资料，第一次按中国的历史发展，将各时期的建筑，从文献到实物，从城市规划、宫殿、陵墓到寺庙、园林和民居都作了详尽的阐述，并对各时期的建筑特征作了分析和比较。这些论述和分析都远远超过了以往外国人对中国建筑的研究水平，达到了前人足迹未至的高峰。

解放后，梁思成始终没有忘掉为新中国创造新建筑的理想，始终没有停止对建筑创作理论的探索。他发表了《中国建筑的特征》、《中国建筑发展的历史阶段》、《中国建筑与中国建筑师》诸文，热情地介绍中国建筑，论述建筑创作的主张。他曾把中国建筑总结为三段分的形象：即上为大屋顶，中有屋身，下有砖石台基，整体稳定而潇洒。后来，他又认为中国建筑的

1. 1915年初入清华学校时的梁思成。

梁
思
成

传统，还表现在平面、空间上善于根据不同地区的生活习惯而灵活处理，在建筑群体的布局上善于结合地形而高低错落，园林设计中有传统的章法。他力图从建筑的比例、权衡、色彩等方面去总结中国传统建筑的特点以便用到新的创作中去。梁思成以极大的政治热情，参加北京市城市规划工作，对北京市的城市规划和建筑设计提出了很多重要建议，参加了国徽的设计和人民英雄纪念碑、扬州鉴真和尚纪念堂等建筑的设计工作，对建筑设计的民族形式进行了可贵的探索。梁思成先后著书5种，发表学术论文60多篇，150万字。以梁思成为第一完成人的项目"中国古代建筑理论及文物建筑保护的研究"，于1987年获国家自然科学一等奖。

梁思成不但是一位驰誉海内外的建筑学家，同时他又是一位建筑教育家。他很重视建筑人才的培养。他先创办东北大学建筑系，后又创办清华大学建筑工程学系，从此终身在清华执教，数十年如一日，为国家培养了可观的建筑人才，桃李满天下。

在长期的教育工作中，梁思成总是站在教学第一线，即使行政工作十分繁忙，也坚持教课。他十分重视对学生专业基础知识的培养，所以他除了讲授中、外建筑史外，还给刚进大学的学生讲"建筑概论"，给低年级学生讲"建筑设计"课程。他讲起课来旁征博引，而且深入浅出地用生动的语言和比喻讲明什么是建筑，建筑师应该怎样工作等等。

梁思成十分注意学生德、智、体的全面发展，他主张青年学生应该有多方面的爱好。他自己青少年时代在清华念书时就喜欢体育、音乐和绘画，担任过清华军乐队的副指挥。他认为，青年有多方面的修养，既陶冶美好的情操，也有助于专业的学习。在他的这种思想影响下，建筑系的学生大多兴趣广泛，思想活跃，学习也很生动活泼。

梁思成在古建筑研究中的严谨学风也贯穿在他的教育工作中。他审阅青年教师和研究生的论文都是逐字逐句修改，从内容到错别字，连一个标点符号也不放过。他为了培养学生高水平的绘图本领，甚至从怎样用刀削铅笔讲起。他不仅自己做到，而且也要求教师和学生熟悉古今中外的著名建筑，能随手勾画出这些建筑的形状，并知道它们建筑的时期。

梁思成于1972年1月9日病逝，终年71岁。

1. 1924 年 4 月，印度诗人泰戈尔（右 3）访问北平，梁思成（左 1）与林长民（左 3）、林徽因（右 2）、徐志摩（右 1）等热情接待泰戈尔一行。

2. 梁思成与林徽因结婚照，林徽因身穿自己设计的婚礼服。

3. 梁思成与林徽因 1928 年春在加拿大温哥华。

梁思成

1. 梁思成、林徽因（前排）与中国留学生在美国宾夕法尼亚大学。

2. 1931年梁思成与林徽因在北平居所庭院内。

3. 1931年梁思成与林徽因在北平天坛祈年殿屋顶上。

4. 1933年梁思成在北平中央公园营造学社办公室前。

5. 1933 年林徽因与孩子们。

6. 1934 年梁思成、林徽因与费正清夫人费慰梅（右）在一起。

7. 1933 年梁思成（左）与莫宗江测绘赵县安济桥时留影。

8. 20 世纪 30 年代，林徽因在陕西调查古建筑。

梁思成

1. 1938 年梁思成（左）与作家沈从文在昆明。

2. 1947 年，梁思成在纽约国际建协介绍联合国大厦设计方案。

3. 1938 年，梁思成、林徽因及子女与西南联大教授周培源（左 1）、陈岱孙（左 3）、金岳霖（右 2）、吴有训（右 1）合影。

4. 1947年在国际建协和世界著名建筑师一起讨论联合国大厦设计方案。左1为勒·柯布西埃，左3为梁思成，左5为尼迈亚。

5. 20世纪50年代初，梁思成、林徽因摄于清华园。

6. 1949年3月，梁思成、林徽因送女儿梁再冰参军南下。

梁思成

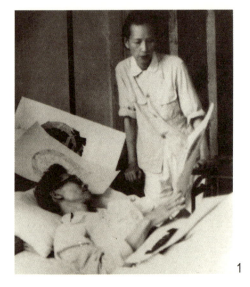

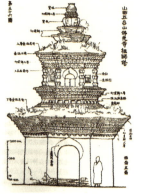

1. 1950 年，梁思成在病中与林徽因讨论国徽设计方案。

2. 梁思成的北京城墙规划方案。

3. 梁思成绘山西五台山佛光寺祖师塔。

4. 1950 年，林徽因（左 4）与清华大学营建系首届毕业生合影。

5. 梁思成在工作中。

6. 1954年，梁思成在中南海参加全国政协的宪法讨论会。左起：华罗庚、老舍、梁思成、梅兰芳。

7. 梁思成和清华的学生们。

8. "登山一马当先，岂敢冒充少年。只因恐怕落后，所以拼命向前。"梁思成1961年登桂林叠采山戏作。

5

6

7

8

清风华影

1. 1956年制定全国科学技术十二年远景规划期间,周恩来同志在中南海怀仁堂会见孟昭英(左2)、梁思成(右2)、马大猷(右1)。

2. 1966年梁思成完成了《营造法式注释》的全部文稿。

参考文献

1. 清华大学建筑学院编:《建筑师林徽因》,北京,清华大学出版社,2004。

2. 林洙:《梁思成、林徽因与我》,北京,清华大学出版社,2004。

3. 林洙:《建筑师梁思成》,天津,天津科学技术出版社,1996。

4. 郭黛姮、高亦兰、夏路编著:《一代宗师梁思成》,北京,中国建筑工业出版社,2006。

杨廷宝

（1901.10.2—1982.12.23）

字仁辉。

河南南阳人。

建筑学家，教育家。

中国近现代建筑设计科学开拓者之一。

中国科学院技术科学部委员。

杨廷宝

　　生于河南南阳一个知识分子家庭，自幼受到绘画艺术的熏陶。1915年入北京清华学校，因成绩特佳，连升两级，于1921年毕业于清华学校高等科，赴美国留学，在宾夕法尼亚大学学建筑。他的建筑设计和水彩画得到名师保尔·克芮和瓦尔特·道森的指导。他聪明勤奋，才能超群，学习成绩优异，仅用两年半就修完本科四年的课程。用半年修完硕士课程。1924年曾先后获得全美建筑学生设计竞赛的艾默生奖一等奖和政府艺术社团奖一等奖。1925年获硕士学位，学校颁以优秀毕业证书，甚属罕见。

　　1926年，离美赴欧洲考察建筑。1927年，回国加入基泰工程司。杨廷宝是建筑设计主要负责人。基泰工程司业务范围开始是在以天津为中心的北方地区，20世纪30年代后，转向上海、南京一带，业务遍及全国许多城市，是当时最有影响的建筑事务所之一。当时杨廷宝和其他留学回国创业的建筑师们，开始打破外国建筑师在中国的垄断地位，成为中国近现代建筑设计活动的主流。1944年至1945年，杨廷宝参加前资源委员会工业考察团赴美、英、加拿大考察建筑，接触到欧美现代建筑新潮流和新技术。杨廷宝在事务所的工作直到1949年止。1940年起，他兼任中央大学建筑系教授。中华人民共和国成立后，历任南京工学院建筑系教授、系主任，南京工学院副院长，南京建筑研究所所长，1955年选聘为中国科学院技术科学部委员，中国建筑学会第五届理事长。1957年至1965年，两次被选为国际建筑师协会副主席。他是第一至五届全国人民代表大会代表。1979年任江苏省副省长。

　　杨廷宝求学时，正值美国建筑教育从古典建筑过渡到现代建筑的时期。在当时国际建筑思潮影响下，他回国后，早期的代表作如：沈阳火车站，沈阳东北大学，清华大学图书馆扩建等，都有那个时代的特征。30年代后，他开始结合中国自己的特色，在建筑风格上致力于探索和创新。30年代初，他曾主持修缮北平天坛祈年殿、中南海紫光阁、国子监等九处古建筑。他在实践中虚心向修缮老师傅学习，向"中国营造学社"顾问学习。他对中国古典建筑做法深为熟谙，特别对明清式建筑悉心研究，从中吸取营养。他对民间传统也十分注意。同时他还密切注视着国外现代建筑的发展。学术上深厚的造诣，使他在建筑设计中具有坚实的创作素质。30 年代初期，他所设计的南京中央体育场、中央医院、中山陵音乐台、金陵大学图书馆（现南京大学老图书馆）等，都已显示出高超的设计水平：合理的功能布局，协调的建筑环境，完整的建筑体形，统一的比例尺度，具有中国特色的建筑风格。他的设计不是追求虚假装饰以哗众取宠，也不是照搬现代建筑形式而求时髦。他所探索的建筑风格，不论在建筑造型上抑或在功能上，其成就高于同时代在中国的外国建筑师。

50 年代初期，在北京建设中，他设计了和平宾馆和王府井百货大楼，是当时北京的两大新建筑，影响很大。和平宾馆的设计，是他将环境、功能、施工、经济和建筑空间艺术高度综合的一个作品。这座经济实用，又简洁大方、朴素明朗的新建筑，得到周恩来总理的肯定和赞扬，赢得了国内外建筑界的好评。新中国成立后 30 多年间，在他主持、倡导、参与下，建成了一批大中型民用建筑，如徐州淮海战役革命烈士纪念塔、北京车站、南京长江大桥桥头堡、南京民航候机楼等。对北京人民英雄纪念碑、北京人民大会堂、毛主席纪念堂、北京图书馆等工程，他都参加了方案和建议，作出了贡献。他还多次参加国际建筑学术活动，代表中国建筑界积极工作，为祖国争得了荣誉。

中央大学建筑系是中国创办最早的建筑系之一，成立于 1927 年。抗日战争时期，中央大学迁移至重庆沙坪坝。当时教学条件和境遇都比较差。为了办好建筑教育，杨廷宝毅然决定受邀兼任建筑设计教授。沙坪坝位于郊区，他兼顾事务所业务和教学，往来奔波，风雨无阻，从不缺课。他为鼓励青年努力向学，曾亲设奖学金奖励优秀学生。他生活简朴，平易近人，一直为学生尊重传颂。他注重实践，反对空谈，因材施教，重视基本技能和方案训练，培养学生观察问题分析问

1. 就读清华学校时的杨廷宝。

2. 1925 年杨廷宝获宾夕法尼亚大学硕士学位。

杨廷宝

题能力，不断提高艺术修养，形成了一整套成熟的教学方法。他认为，建筑师不同于艺术家，建筑师的创作必须建立在物质基础上，没有广泛的社会和科技知识，没有勤于学习、勤于观察和分析的工作态度是不行的。为此，他告诫学生"处处留心皆学问"。

杨廷宝在他所从事的设计、教学和科研工作中，非常重视联系中国实际，十分强调国情和民族习惯，充满着强烈的爱国精神。晚年，他尤其致力于保护古建筑，注意在城市建设和风景区开发中的环境保护。他东起海滨，西届新疆，攀武当，探武夷，万里跋涉，孜孜不倦，为祖国山河更加美好而奔走。

1982 年 12 月 23 日，杨廷宝在南京病逝，终年 81 岁。

1

3

1. 1924 年杨廷宝（右 1）在美国与同窗好友合影。
2. 1924 年在美国宾夕法尼亚大学建筑系学习的杨廷宝。
3. 杨廷宝在美留学时所获金质奖章。

2

4. 1924 年杨廷宝在美国。

5. 杨廷宝（右1）与美国
   友人。

4

5

杨廷宝

清
风
华
影

1. 1932 年主持修缮北京天坛祈年
   殿，杨廷宝在现场留影。
2. 1935 年杨廷宝、陈法青夫妇与孩
   子们。

3. 从生活中体验美的建筑师。1944年至1945年间杨廷宝在美国。

4. 1952年杨廷宝（右2）与刘光华（右1）带领学生参观游泳池设计。

5. 杨廷宝于1950年。

6. 1957年杨廷宝（前排右2）在法国巴黎出席国际建协会议。

杨廷宝

1

2

3

1. 1963年，杨廷宝（左3）访问巴西，受到巴西总统（左4）亲切接见。

2. 1965年杨廷宝担任国际建协副主席工作照。

3. 20世纪60年代，杨廷宝（左3）、梁思成（左2）、汪坦（左1）、吴景祥（右1）在清华大学礼堂前。

4. 1976年10月与毛主席纪念堂建筑设计组成员及建筑界专家讨论纪念堂规划设计方案。前排左1袁镜身、左2沈勃、左3陈植、左5杨廷宝、左6顾明。

5. 1979年杨廷宝在广州。

6. 杨廷宝与清华建筑系学生梁鸿文（左）、张锦秋（右）合影。

7. 1980年杨廷宝（中排左3）和家人在一起。

杨廷宝

清
风
华
影

1. 1980 年杨廷宝在书房。

2. 1981 年杨廷宝同阿卡·汗先生在一起。

3. 1982 年杨廷宝（中）与东南大学建筑研究所的教师们一起讨论工作。

4. 1982 年与夫人陈法青在湖北襄阳米公祠。

参考文献

东南大学建筑系、东南大学建筑研究所编：《杨廷宝先生诞辰一百周年纪念文集》，北京，中国建筑工业出版社，2001。

（杨廷宝先生部分照片由其子杨士萱先生提供。）

周培源

（1902.8.28—1993.11.24）

江苏宜兴人。

流体力学家，理论物理学家，

教育家，社会活动家。

中国近代力学和理论物理学奠基人之一。

中国科学院数学物理学部委员。

周培源

1924 年于清华学校毕业，1926 年春获美国芝加哥大学理学士学位，同年冬获该校理科硕士学位，1928 年获美国加州理工学院理科博士学位。1928 年、1929 年先后赴德国莱比锡大学、瑞士苏黎世高等工业学校从事科学研究。

1929 年回国任清华大学物理学系教授。1936 年至 1937 年利用清华教师学术休假的机会，赴美国普林斯顿高等研究院参加爱因斯坦领导的广义相对论讨论班。1937 年回国后随清华南迁，任西南联合大学物理学系教授。1943 年再次利用休假赴美国在加州理工学院、美国国防委员会战时科学与发展局、海军军工试验站从事科学研究。1947 年回国，继续任清华大学物理学系教授。

1949 年 5 月任清华大学教务长，1950 年任清华大学校务委员会副主任，仍兼教务长。1952 年院系调整后历任北京大学物理系教授，北京大学教务长、副校长、党委副书记、校长。1952 年加入九三学社，1959 年加入中国共产党。1955 年当选为中国科学院数学物理学部委员、常务委员，1978 年任中国科学院副院长，1981 年任中国科学院主席团成员。

他是一个很有成就的物理学家。长期从事物理学基础理论中难度最大的爱因斯坦相对论引力论和流体力学湍流理论的研究和教学。20 世纪 30 年代发表《爱因斯坦引力论中引力方程的一个各向同性的稳定解》等论文，在引入各向同性的条件下求得静止场的不同类型的严格解。他研究并基本证实了广义相对论引力论中"坐标有关"的重要论点。在宇宙论方面，证实了在各向同性的条件下引力场方程本身即可给出均匀的与各向同性的弗里德曼宇宙的度规张量，从而使弗里德曼宇宙度规表达式的求解大大简化。1940 年发表《关于 Reynolds 求似应力方法的推广和湍流的性质》论文，在国际上首次提出需要研究湍流的脉动方程，并用求剪应力和三元速度关联函数满足动力学方程的方法建立起普通湍流理论。曾获 1942 年教育部自然科学一等奖。1945 年发表《关于速度关联和湍流脉动方程的解》一文，成为湍流模式理论的奠基工作。50 年代求得均匀各向同性湍流在后期衰变运动中的二元、三元关联函数及其在早期衰变的近似解。70 年代提出湍流理论的准相似条件。80年代以平面湍射流为例子，用逐级迭代法求出平均运动与脉动方程的联立解。他关于湍流基本理论的研究获1982年国家自然科学二等奖。

他又是一位教育家，从事高等学校的教学和领导工作数十年，在发展国家的教育事业、培养众多的科学人才方面成绩卓著，贡献突出。他的不少学生已成为国际上的著名学者。他讲授过力学、理论力学、电力学、理论物理学引论、量子力学、相对论等课程。

文化大革命期间，他根据周恩来总理的指示，1972年10月6日在《光明日报》上发表《对综合大学理科教育革命的一些看法》，阐述基础理论的教学和研究的必要性和重要性，批驳了"理向工靠"、"理工不分"、"以校办工厂代替实验课教学"、"按产品划分、设置专业"等取消和削弱理科的倾向，态度鲜明地坚持基础理论研究，抵制"四人帮"刮起的"取消基础理论研究"的歪风。他大力支持和指导年轻教师开展科学研究，在担任北京大学副校长和校长期间，支持并亲自组织领导研制成功了华光型计算机激光汉字编辑排版系统，引发了我国印刷术的重大革新。他到90岁后还在带研究生，还在亲手演算，还在科学上有新思想、新发展、新贡献，这在古今中外科学家中也是罕见的。

他还是一位国内外久负盛名的社会活动家。他曾担任中国物理学会理事长、名誉理事长，中国力学学会副理事长、名誉理事长，国际理论与应用力学联合会理事，中国科学技术协会副主席、主席、名誉主席，中国国际科技促进会会长，中国人民外交学会副会长，中国人民争取和平和裁军协会会长，中国波兰友好协会会长，九三学社中央副主席、主席、名誉主席，第一至四届全国人大代表、第五届全国人大常委，第三、四届全国政协常委、第五至七届全国政协副主席。他在组织领导工作中表现出高超的才干，与国内外

1. 清华学校读书时的周培源。

2. 学成归国的周培源，1931年摄于上海。

周培源

科学界、教育界和社会各界有着广泛的联系。他曾数十次代表中国科学技术界出席国际会议，参加与科学技术界有关的国际活动，或率团商谈科技人员交流培养和国际科技合作事宜，对发展国际科技合作，推进国际学术交流作出了重要贡献。1980年6月，美国普林斯顿大学授予他荣誉法学博士学位，1980年和1985年两次获得美国加州理工学院授予的"具有卓越贡献的校友奖"。

他是一位赤诚的爱国主义者。40年代他休假去美国进行学术研究时，美国移民局通知他可以加入美国籍。在祖国危难深重的时刻，他殷殷在怀的是与祖国同难共命，毫不犹豫地拒绝入籍美国。他为人谦和、坦诚，度量宽宏，性格豁达，平易近人，对下级、对学生特别和善且关怀备至，对自己则要求严格。生活简朴，作风民主，谦虚谨慎，深为国内外各界人士所敬仰。

1993年11月24日，周培源在北京逝世，终年91岁。

1. 1921年至1923年，周培源多次获得清华学校运动会冠军。图为周培源（右3）参加高校运动会短跑项目比赛。

2

3

2. 清华学生会评议干事两部合影。3 排左 3 为周培源。

3. 在清华学校读书时与同学讨论问题。左 2 为周培源，左 3 为孙立人，右侧戴眼镜者为梁思成。

1. 1928年周培源在美国加州理工学院获博士学位。

2. 周培源与王蒂澂结婚照。

3. 1946年6月周培源全家在美国加州帕萨迪那市合影。后排左为长女周如枚、右为次女周如雁，前排中为三女周如玲。

4. 新中国成立初期的周培源。

5. 西南联大的教授之家。后排左起：周培源、陈意、陈岱孙、金岳霖，前排左起：林徽因、梁再冰、梁从诫、梁思成、周如枚、王蒂澂、周如雁。

6. 抗战时期在昆明西南联大，教师们分散住在郊区，到校上课要走几个小时，周培源以马代步，被大家戏称为"周将军"。

7. 1956年9月，周培源赴布鲁塞尔出席第九届国际应用力学会议。前排：左2李普曼、左3冯·卡门、右3周培源、右2柏实义，2排：左1钱伟长、右1郑哲敏。

周
培
源

清风华影

1. 1960 年，毛泽东同志与周培源亲切握手。

2. 1958 年 4 月，周培源在加拿大参加第二届帕格沃什会议并致辞。

3. 1963 年周培源在家中与学生讨论问题。

4. 1973 年 7 月 17 日，毛泽东同志在中南海接见杨振宁（右 1），周恩来（左 1）、周培源（左 2）作陪。

5. 1972 年周培源被美国《今日物理》杂志选作封面人物。

6. 学者风采，不减当年。1975 年周培源摄于西安半坡博物馆。

1. 周培源与夫人在家中欣赏书画。

2. 1973年周培源夫妇（右1、2）设家宴招待吴健雄（左1）及张文裕、王承书夫妇。

3. 1987年周培源在夏威夷大学讲学。

4. 周培源（中）与钱伟长（左）、费孝通（右）：师生、同事、老友同为全国政协副主席。（1987年摄于广州迎宾馆）

5. 20世纪80年代，周培源（后排右2）与陈岱孙（后排左2）参加清华校庆时在闻一多雕像前合影。

6. 湍流四巨头。左起：Dr. J. C. Rotta、Prof. A. Walz、谷一郎、周培源。

7. 1984年周培源（左）欢迎美国总统里根访华。

8. 1993年10月31日，北京大学教授唐有祺（左）看望周培源。这是周培源生前最后一张照片。

"Perspectives in Turbulence Studies"

DFVLR   May 11–12, 1987

Dr. J.C. Rotta   Prof. A. Walz   Prof. I. Tan1   Prof. P.Y. Zhou

周培源

1. 1990年，全家人喜气洋洋地祝贺周培源（右6）88岁大寿。

2. 1992年，江泽民等党和国家领导人在钓鱼台国宾馆接见中国当代物理学家联谊座谈会的科学家。前排左起：李鹏、周培源、江泽民、严济慈、杨尚昆、吴大猷。

参考文献

中国科学技术协会编：《周培源》，北京，中国科学技术出版社，2002。

梁实秋

(1903.1.6—1987.11.3)

名治华，字实秋。

原籍浙江杭县，生于北京。

散文家，文学批评家，翻译家。

梁实秋

小学入读京师公立第三小学,天资聪颖,名列前茅。1915年初夏,从京师三小毕业,在全市应届毕业生会考中,他获得总分第一名。在亲友热情鼓励下,他在天津报考清华学校,又获第一名,从此开始了八年的清华岁月。

在清华,他从中外教师的教学中得益匪浅。1919年五四运动中,梁实秋的心灵受到很大震撼。在新文化春雨的滋润下,梁实秋萌生了对文学的爱好,在清华高等科求学期间开始写作,第一篇翻译小说《药商的妻》于1920年9月发表在《清华周刊》增刊第6期。1921年3月,他与同学顾毓琇等组织了"小说研究社",后又扩大为"清华文学社"。1922年10月12日,在清华《文艺增刊》上发表《诗的音韵》,大概是他最早的一篇文学批评文章。不久,梁实秋参与了《清华周刊》的编辑工作,并担任《文艺增刊》主编。1923年1月第3期《文艺增刊》上的《幸而》、《早寒》、《寄怀一多》、《小河》一组抒情诗是他最早的诗作。

1923年初夏,梁实秋从清华学校毕业。8月,他乘坐杰克逊总统号邮船赴美国科罗拉多大学留学。1924年夏,梁实秋以优异成绩从科大英文系毕业,经教务长特别推荐,去哈佛大学研究院攻读硕士学位。此间,他与清华同学罗隆基、何浩若、沈宗濂、浦薛凤、闻一多、潘光旦、时昭瀛、吴文藻、吴景超、顾毓琇等十余人成立倡导国家主义的组织"大江会"。在哈佛大学的一年,对于梁实秋的整个一生具有至关重要的意义。他从此由青春的浪漫转到了严肃的古典,由少年的热情转到了成年的保守。1925年夏天,梁实秋从哈佛研究院毕业,获文学硕士学位。入秋以后,他转入纽约哥伦比亚大学英语研究所进修。

1926年7月,梁实秋回国,先抵上海,8月受聘到南京东南大学任教,讲授英国文学史。1927年2月,与程季淑女士在北平南河沿欧美同学会举行了隆重婚礼。为了谋生,他担任过《时事新报》副刊《青光》的编辑,以"秋郎"笔名在《青光》上发表了百余篇小品。10月,他择选出47篇编成《骂人的艺术》一书,由新月书店出版。这是他第一本散文集。同年还由新月书店出版了他的第一本文论集《浪漫的与古典的》。

1928 年 3 月，与叶公超、潘光旦、饶孟侃、徐志摩五人担任《新月》月刊编辑。在第 1 卷第 10 号的《新月》上，梁实秋发表了《罗素论思想自由》，针对国民党的专制统治，指出"天下最专制的事无过于压迫思想"。以后又发表了《论思想统一》、《孙中山先生论自由》等文多篇。《新月》因此而遭到了数次扣压。后来胡适将这些文章编成《人权论集》一书出版，但立即遭到当局查禁。在批评国民党专制政策的同时，梁实秋又在《新月》上与以鲁迅为首的左翼文坛展开了论战。1927 年 11 月，他在《复旦旬报》发表《卢梭论女子教育》一文，遭到鲁迅撰文驳击，揭开了一场著名论战的序幕。以后双方就文学作品的翻译、文学作品的人性描写诸问题展开了激烈的笔仗。

1930 年，应聘到新成立的国立青岛大学任教，并担任外文系主任兼图书馆馆长。1930 年 12 月，应中华教育文化基金会译委会主任胡适邀请，参加莎士比亚全集的翻译计划，至 1939 年，译出《哈姆雷特》、《麦克白》、《李尔王》等八种，由商务印书馆出版。在翻译莎士比亚作品的同时，1932 年 11 月，他为天津《益世报》开创《文学周刊》，自任编辑。1934 年夏天，应北京大学胡适邀请，任北大外文系主任。1935 年 11 月创办了《自由评论》周刊。

1937 年 7 月北平沦陷，梁实秋被日本宪兵队列入了抗日分子的黑名单，危在旦夕。他草草立下了遗嘱，只身匆匆逃离北平。1938 年春天，膺选为协同政府促进抗日的国民参政会的参政员，转往汉口。9 月，随政府迁往重庆。后应聘教育部担任特约编辑兼教科书编委会常委、中小学教科书组主任，年底开始编辑《中央日报》副刊《平明》。1940 年 1 月，与参政会同僚，参加由参政会组织的华北慰劳视察团北赴前线，历时两个月，行程万余里，共访问了五个战区七个集团军司令部。

1. 少年梁实秋。

2. 1923 年，梁实秋赴美留学前。

梁实秋

1940 年起，以"子佳"笔名开始为《星期评论》撰写专栏小品，每篇两千余字，栏目取名为"雅舍小品"，抒发士大夫式的人生襟怀，雅洁清隽，耐人细读。1940 年，教科书编委会与国立编译馆合并，梁实秋改任社会组主任及翻译委员会主任，兼图书室主任。从 1943 年起，又兼任国立社会教育学院的教授，讲授西洋戏剧史。

1946 年，他脱离官场回到北平，在北京师范大学英文系当教授。1948 年秋，携家人辗转至广州，1949 年 6 月底，携妻女离开内地到台湾。

抵台后，他先后担任编译馆人文组主任；大同工业学校教授；台湾师范学院（后改师范大学）英语系教授，后兼系主任，再后又兼文学院院长。除了翻译之外，梁实秋主要从事英文教科书和词典的编选工作，在英文教学上卓然知名。自 50 年代后期，孤居台岛的梁实秋写了很多思乡忆旧的文字，主要有：《谈徐志摩》、《清华八年》、《谈闻一多》、《秋室杂忆》以及《秋室杂文》等。

1966 年，梁实秋在台湾师大退休，至 1967 年 7 月译出莎士比亚的全部戏剧 37 种，最后由台湾远东书局在 1968 年 10 月出版。晚年后曾一度移居美国。经 7 年努力在 1979 年写出一百余万字的《英国文学史》。由他主编的《远东英汉大辞典》，深受广大英语爱好者的欢迎。

1987 年 11 月 3 日，梁实秋病逝于台北，终年 84 岁。

1.1921 年清华文学社成员合影。其中有：杨世恩、谢文炳、梁实秋（2 排左 1）、闻一多（2 排左 2）、张忠绂、顾毓琇（2 排右 1）、吴景超、吴文藻、翟桓、陈华寅、胡毅等。

2. 梁实秋与父亲梁咸熙。

3. 1926 年梁实秋在哥伦比亚大学。

1. 1926 年梁实秋与程季淑婚前摄于北平容丰照相馆。

2. 1927 年 2 月，梁实秋与程季淑在北平南河沿欧美同学会结婚。

3. 1927 年 12 月在上海，梁实秋与程季淑的大女儿文茜出生时一家三口合影。

4. 1927 年梁实秋、程季淑在上海。

5. 1967 年，梁实秋与夫人程季淑在《莎士比亚全集》出版庆祝会上。

6. 20 世纪 60 年代的梁实秋。

7. 梁实秋与夫人程季淑。

8. 1967 年梁实秋夫妇与女婿外孙摄于台北安东街寓所。

1. 梁实秋在家中读报。

2. 1968 年 10 月 19 日，梁实秋、程季淑与幼女文蔷、女婿邱士耀，外孙邱君达、邱君迈合影。

3. 1970 年梁实秋与夫人补蜜月旅行时留影。

4. 20 世纪 80 年代梁实秋在家中。

参考文献

1. 朱寿桐、刘聪：《梁实秋图传》，广州，广东教育出版社，2007。

2. 梁实秋：《雅舍怀旧——记故知》，北京，中国友谊出版社，1986。

3. 宋益乔：《梁实秋传》，天津，百花文艺出版社，2005。

汤佩松

（1903.11.12—2001.9.6）

植物生理学家。

湖北浠水人。

中国植物生理学奠基人之一。

中国科学院生物学部委员。

汤佩松

出生于湖北省浠水县的一个诗书世家，父亲汤化龙是有自由思想的清朝进士，曾和梁启超等一起参与君主立宪派活动。

1917年汤佩松考入清华学校。1925年秋，汤佩松进入美国明尼苏达（Minnesota）大学农学院学习，次年转入文理学院，主修植物学，辅修化学和物理学。1927年年底，他以全校第一名的优异成绩毕业，获文学士学位。这两年的学习，使汤佩松在物理、化学和生物学方面都打下了坚实的基础。1928年夏，汤佩松进入美国约翰·霍普金斯（Johns Hopkins）大学攻读博士学位。通过博士论文的工作，他掌握了"生理过程间多功能关系"这一概念的运用。这就是后来他关于呼吸代谢多条路线及其与其他生理过程相互关系这一观点的萌芽。1930年夏，汤佩松获得博士学位后转到哈佛大学工作了3年，并于1930年和1931年夏两次到马萨诸塞州海滨小镇伍兹霍（Woods Hole）的海洋生物学研究所（Marine Biological Laboratory）作短期访问。这是一个举世闻名的研究机构，名家云集。汤佩松在这里结识了许多生物学界的大师；选修了普通生理学课程；参加了各种类型的学术讨论。从此，他决心终身从事细胞呼吸、植物呼吸和光合作用以及生物力能学的研究。

1933年夏，汤佩松放弃了美国的优厚条件，毅然回国，任武汉大学教授。在武汉大学，他开设了生物化学、普通生理学等课程，并编写了中国第一部普通生理学讲义。抗日战争期间（1938—1945），汤佩松在西南联合大学农业研究所工作。在这里他创办了植物生理研究室。这个实验室非常简陋，而且3次被炸毁，4次搬迁重建，最后搬到昆明北郊的小村庄大普吉。英国剑桥大学教授李约瑟（Joseph Needham）曾到这个实验室参观，并给予了很高的评价。抗战胜利后，1946年汤佩松负责筹建清华大学农学院并任院长。他当时的抱负是把清华大学农学院办成一个学术水平很高的农业生物学教学基地和研究场所，培养出来的学生要能从事教学工作和实际工作，又是农业生物学和实验生物学方面的研究人才。所以本科学生首先在理学院学习数、理、化及生物学课程。1948年，他当选为中央研究院院士。

1950 年以后，清华大学农学院并入北京农业大学，他担任副校长。以后历任中国科学院上海植物生理研究所研究员和北京植物研究所研究员、副所长、所长、名誉所长，同时兼任复旦大学、北京大学教授。他在北京大学除讲授植物生理等课程外，特别强调教师要进行科研工作，主张学生灵活主动地学习，并亲自组织和指导本科生的课外研究小组。

半个多世纪以来，汤佩松在植物生理和生物化学方面出版了 3 本著作，发表了 200 多篇论文，在植物呼吸代谢方面提出系统的观点，独树一帜，而且培养了大批植物生理学家。他是我国植物生理学奠基人之一，为我国植物生理学的发展作出了杰出贡献。1955 年被选聘为中国科学院生物学部委员，并曾被选为第三届全国人民代表大会代表，第七届全国政协委员，中国植物学会理事长、名誉理事长，中国植物生理学会名誉理事长。

汤佩松是一位蜚声国际的植物生理学家。由于他在植物呼吸代谢和光合作用方面的贡献，1975 年被美国植物生理学会选为名誉会员，后又被美国植物学会选为名誉会员，还被邀请担任国际性杂志《光化学和光生物学》的编委。1983 年当他满 80 岁的时候，国际性刊物《植物生理学年鉴》特约他撰写了一篇回忆录式的文章，刊于该杂志 34 卷之首。中国只有汤佩松一人得到这种殊荣。

2001 年 9 月 6 日，汤佩松在北京逝世，终年 98 岁。

1

2

1. 清华学校时期的汤佩松。

2. 汤佩松在昆明大普吉温室。

汤佩松

1. 抗战时期汤佩松（站排中）与员工和家属在大普吉农研所前留影。

2. 昆明大普吉清华大学农业研究所和金属所旧址，汤佩松在此任农研所所长。

3. 20世纪50年代，汤佩松（左）与著名京剧表演艺术家马连良的儿子、学生马崇延亲切握手。

4. 1956年，汤佩松（前排右1）与马寅初（2排右2）、陈阅增（前排左1）教授陪同苏联国家代表团参观北京大学生物系。

1. 1973年，汤佩松在北京植物园重建时植树。

2. 20世纪60年代，汤佩松（中）与著名植物生理学家殷宏章（左）、娄成后（右）教授在海南岛。

3. 1976年汤佩松与家人在居住的防震棚前留影。

4. 1978年，汤佩松（前排左3）和著名古植物学家徐仁教授（后排右2）与美国科学院代表团在植物所留影。

5. 在清华大学生物科学与技术系成立暨校庆时，汤佩松（左2）与学部委员吴征镒（中）、阎隆飞（右2）等在一起。

6. 1981年4月26日清华大学70周年校庆与校内师生及校友合影。前排左2起：汤佩松、于光远、蒋南翔、武衡、高士其、宋平、荣高棠、张光斗、高沂、陈舜瑶、周培源。

汤佩松

1. 著名物理学家吴大猷（左）欢迎汤佩松抵台访问。

2. 汤佩松与夫人郑襄在台湾故宫博物院看光绪三十年的"恩科"榜。

3. 1992年9月，汤佩松（前排中）、赵忠尧（前排右）、黄汲清（前排左）、冯德培（后排右3）
等赴台湾访问时与工作人员合影。

5

6

7

4. 汤佩松在家中。

5. 1993 年 4 月 25 日在清
 华大学图书馆报告厅
 参加"叶企孙奖"授
 奖仪式。左起：陈岱
 孙、钱伟长、汤佩松、
 杨家庆。

6. 1993 年汤佩松教授在
 指导他的博士后和博
 士生。

7. 1991 年 6 月 23 日，
 清华大学张孝文校长
 （右）看望汤佩松夫妇。

汤佩松

1. 汤佩松（右3）与植物所光合室负责同志商讨研究室工作。

2. 汤佩松（右4）与著名科学家吴瑞（右1）、孔宪铎（右3）在家中商谈在我国开展分子生物学研究问题。

3. 汤佩松在办公室。

参考文献

娄成后主编：《汤佩松论文选集》，北京，中国世界语出版社，1993。

梅汝璈

（1904.11.7—1973.4.23）

字亚轩。

江西南昌人。

法学家。

梅汝璈

生于江西省南昌市郊区朱姑桥梅村。1916 年，12 岁的梅汝璈考入清华学校。在清华期间，他曾在《清华周刊》发表多篇文章，如第 286 期的《清华学生之新觉悟》，第 295 期的《辟妄说》和第 308 期的《学生政治之危机及吾人今后应取之态度》等，表达出其年轻时代的忧国忧民之心。"五四"之后，梅汝璈与施滉、冀朝鼎、徐永煐等怀着救国救民、追求真理的满腔热情，组织了"唯真学会"，宗旨是"本着互助和奋斗的精神，研究学术，改良社会，以求人类底真幸福"。1923 年，梅汝璈与"唯真学会"中的 7 人又成立了一个名叫"超桃"的秘密组织。他们强调集体主义精神，有严格的纪律。针对当时清华学生中"科学救国"、"教育救国"等思潮，提出了"政治救国"的主张。

1924 年从清华毕业后赴美国留学，1926 年在斯坦福大学获得文科学士学位，并被选入怀·白塔·卡帕荣誉学会。1926 年夏至 1928 年冬，在芝加哥大学法学院攻读法律，并获得法学博士学位。在此期间，梅汝璈曾与同学施滉、冀朝鼎等组织了中山主义研究会，以响应国内发生的北伐革命行动。

1929 年春，他游历了英、法、德、苏等国后回国。先后任教于山西大学、南开大学、武汉大学，讲授英美法、政治学、民法概论、刑法概论、国际私法等课程，还担任过当时内政部参事兼行政诉愿委员会委员、立法院委员及立法院涉外立法委员会主任委员和外交委员会代理委员长、国防最高委员会专门委员、中山文化教育馆编译部主任及《时事类编》半月刊主编，同时在复旦大学、中央政治学校等院校兼职讲授英美法课程。

1946 年至 1948 年，梅汝璈代表中国出任远东国际军事法庭法官，参与了对 20 世纪三四十年代发生于亚洲和太平洋地区的大规模侵略战争负有主要责任的日本战争罪犯的审判工作，同某些庇护日本战犯的势力进行了坚决而卓有成效的斗争。在历时两年半、开庭 818 次的漫长过程中，梅汝璈始终坚持法律原则，有理有节，在"法官席位之争"、"起草判决书"和"坚持死刑处罚"等关键时刻维护了祖国的尊严和人民的利益，赢得了国际社会的赞赏与尊重，出色完成了任务。时任教育次长兼国立政治大学校长的顾毓琇曾赠剑予梅汝璈,并称他为"壮士"。后来,周恩来总理曾高度评价:"他为人民办了一件大好事,为国家争了光,全国人民都应当感谢他。"

虽然从1946年5月开庭起,在历时两年半的时间里他享受着丰厚的待遇,但是由于他从报上看到国内"饥饿"、"内战"的坏消息,对国民党政府彻底失望。所以,当1948年12月国民党政府公布梅汝璈为行政院委员兼司法部部长时,他拒绝去南京赴任履新。1949年6月,南京、上海已相继解放,他由东京设法抵香港与中共驻港代表、清华校友乔冠华取得联系,秘密由港赴京。抵京第三天,便应邀出席了中国人民外交学会的成立大会。1950年,梅汝璈担任外交部顾问兼条约委员会委员。1954年当选全国人大代表和人大法案委员会委员。此后,历任第三、四届中国人民政治协商会议全国委员会委员,以及世界和平理事会理事、中国人民外交学会常务理事、中国政法学会理事等职,为中国的外交事业和法制建设作出了积极的贡献。60年代开始撰写《远东国际军事法庭》一书。

1957年"反右运动"时,梅汝璈受到了不公正的对待。在1966年爆发的"文化大革命"中,他遭到了更严重的批判。外交部的"造反派"在抄家时搜出那件

1. 远东国际军事法庭办公室内的梅汝璈法官。

2. 20世纪30年代前后梅汝璈与父母于南京。

梅汝璈

他曾在东京审判时穿过的法袍，如获至宝，以为抓住了梅汝璈有反动历史问题的确切证据，并试图将法袍烧毁。但梅汝璈有理有节地应对、抗争，并进行了巧妙的周旋，从而保存下了这件历史文物。

20世纪60年代初，日本军国主义阴魂复活，右翼分子在名古屋为东条英机等七个被处死的战犯树碑立传，把他们吹捧成"殉国烈士"、"民族英雄"。梅汝璈十分愤慨，认真撰写了《关于谷寿夫、松井石根和南京大屠杀事件》一文。梅汝璈依据在远东国际军事法庭上掌握的材料，历数了两个"死有余辜"的南京屠城魁首的罪恶。

梅汝璈著有《中国人民走向宪治》、《中国战时立法》、《告日本人民书》、《关于谷寿夫、松井石根和南京大屠杀事件》、《制定侵略定义的历史问题》、《世界人民坚决反对美国对日本的和约》等著作，遗著《远东国际军事法庭》一书由其后人梅小璈先生于1988年在法律出版社出版。

1998年年底，他的家人遵照他的遗嘱，将厚达尺余的东京审判判决书中底稿和他在东京大审判时穿过的法袍，无偿捐献给中国革命博物馆收藏，希望能作为历史的见证，警示后人永远不要忘记过去的苦难。

1973年4月23日，梅汝璈在北京逝世，终年69岁。

1. 梅汝璈在远东国际军事法庭办公室工作照。

2. 20世纪40年代梅汝璈在远东国际军事法庭大门前。

3. 梅汝璈（前排右2）与远东国际军事法庭法官们合影。

4. 梅汝璈（右）与威伯庭长在审判席上。

梅汝璈

1.梅汝璈（右5）在远东国际军事法庭审判席上。

2.1947年，在日本东京远东国际军事法庭与王世杰先生（时任国民政府外交部部长）、商震将军（时任中国驻日军事代表团团长）会面。左起：罗林法官（荷兰人）、威伯庭长（澳大利亚人）、王世杰、柴扬诺夫法官（苏联人）、梅汝璈、柴扬诺夫法官的翻译、商震将军。

3. 梅汝璈在法庭办公室。

4. 梅汝璈（中）和商震将军（右）等在一起。

5. 梅汝璈在日本。

6. 20世纪40年代梅汝璈、萧侃夫妇合影。

7. 20世纪50年代，梅汝璈和一双儿女于北京东城区顶银胡同2号居室内。

梅汝璈

1. 20世纪50年代，梅汝璈全家于北京明十三陵长陵。

2. 20世纪50年代，梅汝璈（右）与爱新觉罗·溥仪谈话。

庆祝
中华人民共和国
成立二十周年

北京人民公园

3

4

3. 20 世纪 50 年代，梅汝璈（右立者）与郭沫若（左立者）等人出席国际会议。

4. 梅汝璈、萧侃夫妇 1969 年国庆节在北京颐和园（时称"人民公园"）。

梅汝璈

1. 1952 年于维也纳，梅汝璈在世界和平大会上发言。

2. 上海福寿园于 2007 年 11 月矗立的《正义之剑》雕像，上面的浮雕为梅汝璈和向哲濬。

3. 2004 年 4 月 24 日，梅汝璈先生诞辰一百周年纪念会暨国际法发展新动向论坛在清华大学举行。

（梅汝璈先生照片由其子梅小璈先生提供，版权归梅小璈所有。）

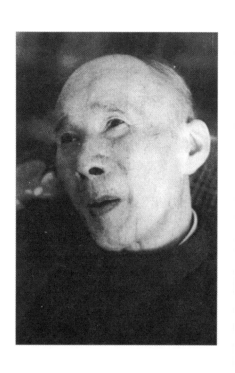

高士其

（1905.11.1—1988.12.19）

原名高仕锜。

福建福州人。

科普作家，社会活动家。

高士其

1918年，考取北平清华学校，在校期间刻苦学习，表现突出，获英语、国语、化学、博物诸学科优秀奖章。1925年清华学校毕业后赴美深造，先后在美国威斯康星大学、芝加哥大学和芝加哥医学院学习，分别获化学与细菌学理学学士学位。留学期间，被选为芝加哥大学国际学生年会代表，加入美国化学学会和公共卫生学会。1928年，他在一次病毒试验中被严重感染，留下了无法治愈的脑炎病毒后遗症。1930年于美国芝加哥大学医学研究院毕业后，是年秋季回国，应聘为南京中央医院检验科主任。后辞职到上海从事科普创作。

高士其以钢铁般的意志，毕生从事"把科学交给人民"和教育青少年的工作，一边顽强地与病魔作斗争，一边投入科普创作与传播的伟大事业。1931年，翻译了《世界卫生事业的趋势》《苏联医学概况》，创作英文诗《圣诞节的月亮》。1932年，与陶行知、董纯才、戴伯韬、陶宏等一起创办儿童科学通讯学校，共同编写《儿童科学丛书》，执笔其中的《儿童卫生读本》，并为孩子们撰写了有关霍乱、伤寒和痢疾的第一篇科普作品《三个小水鬼》。1934年，他应陶行知之约写了《微生物大观》，并翻译了《细菌学发展史》等文，之后开始创作科学小品，先后发表《细菌的衣食住行》、《我们的抗敌英雄》、《细菌大菜馆》、《细菌与人》、《抗战与防疫》等脍炙人口的作品。自1936年起，高士其在《中学生》杂志上连载《菌儿自传》，每月一章，至1937年8月写完最后一章。这些文章后来编成其代表作《菌儿自传》一书。1941年1月，读书出版社和开明书店出版了他的科学小品集《科学先生活捉小魔王》和科学童话《菌儿自传》。

1937年，高士其奔赴革命圣地延安，任陕北公学教员，受到中央领导的重视，被称为"红色科学家"。在受到毛泽东主席、周恩来副主席亲切接见之后，他激动地写了一首抒情诗《不能走路的人的呐喊》。1939年1月，在延安加入中国共产党。同年4月起，党组织派专人护送他到香港、桂林等地治病、疗养。养病期间，他仍从事科学创作和科学字母的研究，写了《什么是古典自然哲学》和《自然辩证法大纲》两篇论文；进行营养学和数学研究，写了《奇妙的数》。抗战胜利后，党组织把高士其接到广州，这期间他写了《我的原子也在爆炸》、《电子》、《黑暗与光明》、《悼四烈士》等作品，以及第一首科学长诗《天的进行曲》。1946 年之后，他先后在上海、北京从事诗歌等文学创作，抨击国民党政府的黑暗统治，呼唤民主与进步。1949 年 5 月，到达北平，从此结束了长达十年的颠沛流离的生活，摆脱了几度濒于死亡的险恶处境，过上了安定、幸福的生活。

在科普阵地上辛勤耕耘之际，饱受疾病折磨的高士其还担负了多项社会事务。1943 年，他应聘为中国工业合作协会主办的科学食品研究所所长和东南盟军服务处技术顾问。1949 年 5 月到达北平后，被选为新政协代表，成为中国作协会员。是年 9 月，参加中国人民政治协商会议第一届全体大会。1950 年，参加全国科学工作者代表大会，被选为中华科学普及协会全国委员会委员。之后，他先后任中华全国科普协会委员、文化部科学普及局顾问、中国人民保卫儿童全国委员会委员、中国残疾人福利基金会理事、中国文联委员、中国作家协会顾问、中国科普创作协会名誉会长、中国科普研究所名誉所长、中国微生物学会理事、《儿童科学画库》顾问等，第一至第六届全国人大代表。

高士其以伤残之躯，撰写了几百万字的科学小品和科普论文，2800 余行科学诗，著书 18 本。主要有：《揭穿小人国的秘密》、《生命的起源》、《和传染病作斗争》、《我们的土壤妈妈》、《谈眼镜》、《炼钢的故事》、《高士其科学小品甲集》、《高士其科普创作选集》等。他为繁荣我国的科普创作，特别是科学文艺创作，

1. 1930 年高士其从美国留学归来。

2. 1921 年高士其与家人合影。后排中为高士其，右为舅舅何天宇，左为姐姐高度平；前排中为母亲何咏阁，右为妹妹高度娱，左为弟弟高仕吟。

组建和壮大科普队伍，倡导科普理论研究，建设和发展科普事业，广泛深入地开展科普活动，特别是青少年科技爱好者活动，以及恢复和振兴科协作出了重大贡献。1991 年至 1994 年，安徽少年儿童出版社出版了《高士其全集》（共四卷），获得"国家图书奖"、"全国优秀科普图书奖"等多项荣誉。

　　1988 年 12 月 19 日，高士其在北京病逝，终年 83 岁。高士其逝世后，中组部追认他为"中华民族英雄"。1999 年 12 月 13 日，国际小行星命名委员会把国际编号为 3704 的行星命名为"高士其星"。

1. 1923 年在清华学校读书时的高士其。

2. 1924 年在清华担任童子军队长的高士其（左）与同学在一起。

3. 1922 年与清华同窗旅行出发前合影。

4. 1925 年高士其在美国威斯康星大学。

5. 1928 年高士其在美国芝加哥大学。

高
士
其

1

2

1. 1929 年高士其（2 排左 2）被选为芝加哥大学国际学生年会中国代表，与来自五大洲的全体同学代表合影。

2. 1938 年高士其在延安。

3. 1946 年冬，高士其在上海平民医院 16 号病房走廊上。

4. 20 世纪 50 年代，高士其作为全国人大代表视察各地时，回福州与母亲团聚。

3

4

1. 1952 年召开第一次全国科普工作会议。高士其（前排右 4）与梁希、袁翰青、朱弘复、朱
   兆祥等及各省市科普协会代表合影。

2. 1957 年 1 月，高士其在云南锡都个旧和矿工们在一起。

3

4

3. 1959 年冬，高士其（右）在广东从化与沈钧儒先生合影。

4. 1959 年高士其在故乡福州与少年儿童在一起。

5. 1961 年 11 月，高士其、金爱娣在婚礼上与诗人萧三（戴眼镜者）等在一起。

6. 1981 年，高士其看望在北京医院养病的著名儿童文学家冰心。

5

6

高士其

1. 1966年4月24日，清华大学55周年校庆暨1926级毕业40周年留影。

2. 1983年夏，高士其与康克清（右）、郝建秀（左）合影。

3. 晚年高士其在一个特制的写字椅上进行创作，椅子左侧有一个托头的固定物，以免身体左倾。

4. 高士其在生活、医疗和工作上，一直得到妻子金爱娣的细心照料。图为金爱娣在病床旁为高士其诵读一封人民来信。

参考文献

高士其：《高士其全集》，北京，航空工业出版社，2005。

王淦昌
（1907.5.28—1998.12.10）

江苏常熟人。

物理学家。

中国科学院数学物理学部委员。

『两弹一星功勋奖章』获得者。

王淦昌

出生在江苏常熟县支塘镇枫塘湾。1920 年，到上海浦东中学读书，1925 年考进清华学校大学部，一年后选择了新创建的物理系。作为清华大学的第一届学生，他受到了叶企孙、吴有训等名师的悉心培养，从此走上实验物理研究的道路。

1929 年在清华大学物理系毕业后，被吴有训教授留下来当助教。他花 6 个月时间完成了吴有训老师交给的研究题目"清华园周围氡气的强度及每天的变化"，写出了研究论文。王淦昌 1930 年入德国柏林大学，在威廉皇家化学研究所师从迈特内，1933 年获博士学位。1934 年 4 月回国，先后在山东大学、浙江大学任教。

1950 年 4 月，王淦昌应钱三强的邀请，到新成立的中国科学院近代物理研究所任研究员，参加建所工作。1952 年被任命为副所长，主要领导宇宙线的研究工作。1954 年在云南落雪山建立了中国第一个高山宇宙线实验室，很快取得了一批研究成果，引起了国外同行的注意。1955 年当选中国科学院数学物理学部委员。1956 年秋天，他作为中国的代表，到苏联杜布纳联合原子核研究所担任高级研究员，后来又担任副所长，并且亲自领导一个实验小组，开展高能实验物理的研究。1959 年 3 月 9 日终于从 4 万张底片中，找到了一个产生反西格马负超子的事例，从而发现了超子的反粒子——反西格马负超子。这是世界上首次发现反西格马负超子，把人类对物质微观世界的认识向前推进了一大步。王淦昌小组的工作，受到各国物理学家的赞扬。

1961 年 4 月的一天，回国不久的王淦昌，接到了参与核武器研究的重任，他没有犹豫，随即愉快地表示："我愿以身许国。"从此，他改名为王京，隐姓埋名与外界隔绝 17 年。王淦昌负责核武器研究实验工作。开始，爆轰物理实验是在离北京不太远的长城脚下进行的，他走遍了靶场的每一个角落，和科技人员一起搅拌炸药，指导设计实验元件，指挥安装测试电缆、插雷管，直到最后参加实验。1963 年春天，王淦昌带头离开北京，到西北大漠戈壁的核武器研制基地去工作。1964 年 10 月，中国第一颗原子弹爆炸成功；1967 年 6 月，中国第一颗氢弹又爆炸成功。王淦昌为此作出了重要贡献。作为核武器研制的主要技术领导人之一，核武器研究实验工作的开拓者，他指导了中国第一次地下核试验，领导并具体组织了中国第二次、第三次地下核试验。王淦昌是中国实验原子核物理、宇宙射线及基本粒子物理研究的主要奠基人和开拓者，在国际上享有很高的声誉。

1964 年，他独立地提出了用激光打靶实现核聚变的设想，是世界激光惯性约束核聚变理论和研究的创始人之一，也使中国在这一领域的科研工作走在当时世界各国的前列。1982 年，王淦昌和丁大利、王祝翔荣获国家颁发的自然科学一等奖。这是新中国成立 30 多年来物理学家所获得的最高荣誉。1984 年，他又领导开辟了氟化氪准分子激光惯性约束聚变研究的新领域。

王淦昌非常关心中国高科技事业的发展。1986 年 3 月，他与王大珩、杨嘉墀、陈芳允一起提出了对中国高技术的发展有重要意义的建议，在邓小平同志的亲自批示和积极支持下，国务院在听取专家意见的基础上，制定了中国高技术发展的"863 计划"，为中国高技术发展开创了新局面。

王淦昌除了领导中国核科学事业和原子弹、氢弹等核武器工程之外，在科学研究领域也建树颇丰，从 1940 年开始至 80 年代，他几乎每十多年就有一项世界级成果和重大发现。王淦昌为人谦逊，生前曾多次说，成绩归功于集体，归功于国家和人民。他于 1979 年加入中国共产党。

王淦昌历任第二机械工业部（现中国核工业集团公司）九院副院长，二机部副部长兼原子能研究所（现中国原子能科学研究院）所长，中国科学技术协会第二届全国委员会副主席，中国物理学会副理事长，中国核学会第一届理事长，九三学社中央参议委员会主任，第三、四、五、六届全国人大常委会委员。1999 年，被追授"两弹一星功勋奖章"。

工淦昌于 1998 年 12 月 10 日在北京逝世，享年 92 岁。

1. 1930 年 23 岁的王淦昌。

2. 在山东大学任教时的王淦昌。

王淦昌

1

2

4

3

1. 1951 年王淦昌（右3）参观波兰华沙大学。右4为吴有训。

2. 1957 年，王淦昌（左）与苏联杜布纳联合原子核研究所所长布洛欣采夫（右）会见罗马尼亚科学院院长（中）。

3. 王淦昌 1951 年留影。

4. 1928 年，王淦昌（左）与同学在清华大学礼堂前旗杆下合影。

5. 王淦昌摄于 1955 年。

5

王淦昌

1

2

1. 1960 年，王淦昌（前排右 4）在苏联杜布纳联合原子核研究所与他领导的研究组各国科研人员合影。前排：右 5 王祝翔、右 1 丁大钊、右 3 陈琳燕。

2. 20 世纪 60 年代，王淦昌（左）与聂荣臻（中）、朱光亚（右）在核试验基地。

3. 中科院代表团参观苏联杜布纳联合原子核研究所时，时任副所长的王淦昌（前排左 1）向团长竺可桢（前排左 2）介绍工作情况。

4. 王淦昌在家中。

5. 1984 年，王淦昌（右）参观联邦德国加兴等离子体研究所。左为威托斯基所长。

6. 1983 年 11 月王淦昌在加拿大温哥华。

王
淦
昌

1. 核物理学家王淦昌。

2. 1985年，王淦昌（中）与同事们在原子能研究所实验室。

3. 1986年3月，向中央提出发展高技术建议"863计划"的四位科学家。右起：王淦昌、杨嘉墀、王大珩、陈芳允。

4. 1986年1月，胡耀邦（前排中）等领导人在中南海怀仁堂会见核工业10位专家时留影。前排右2为王淦昌。

5. 1987年5月，王淦昌（左2）与周光召（右2）、陈肇博（左1）会见美籍华裔物理学家袁家骝（左3）、吴健雄（左4）夫妇。

6. 1987年5月28日祝贺王淦昌80寿辰学术报告会后留影。前排左起：周光召、伍绍祖、周培源、严济慈、王淦昌、赵忠尧、钱学森。

4

5

6

王
淦
昌

1. 1987 年，核工业部部长蒋心雄（左）与王淦昌（右）会见李政道教授。

2. 1991 年，王淦昌（右）与任之恭教授在北京友谊宾馆欢聚。

3. 1993 年，王淦昌与国家"863 计划"惯性约束聚变主题专家组成员合影。前排中为王淦昌，右 3 为王大珩。

4. 王淦昌（中）与国防科工委主任丁衡高（左2）、副主任聂力（左1）等合影。

5. 1995年，王淦昌（右）、朱光亚（中）、钱伟长（左）参加母校清华大学84周年校庆活动时在一起。

1. 王淦昌与夫人吴月琴在家中。

2. 王淦昌与重孙、重孙女在一起。

3. 王淦昌与家人合影。

参考文献

李瑞芝等编著：《核物理学家王淦昌》，北京，原子能出版社，1996。

赵九章

（1907.10.15—1968.10.26）

祖籍浙江湖州，生于河南开封。

气象学家，地球物理学家。

中国科学院地学部委员。

「两弹一星功勋奖章」获得者。

赵九章

1933 年毕业于清华大学物理系，1935 年赴德国柏林大学学习，1938 年获博士学位后回国，任清华大学、西南联合大学教授。1944 年、1947 年先后任中央研究院气象研究所研究员、代所长、所长。1950 年起任中国科学院地球物理研究所研究员、所长，还曾任中国气象学会理事长、中国地球物理学会理事长。1955 年当选中国科学院地学部委员。1964 年当选为全国人大常委会委员。后被选为第二届全国政协委员、第三届全国政协常务委员。1985 年，其成果荣获国家科技进步奖特等奖。1999 年 9 月 18 日，被追授"两弹一星功勋奖章"。

赵九章毕生致力于科学事业，是中国地球科学物理化、工程化和新技术化主张的先驱，动力气象学的创始人和现代气象学的奠基人之一。他在地球物理各学科进行了开拓性的研究，积极推动中国气象、海浪、地震、地球物理探矿等科研工作，全力为国民经济和国防建设服务。他将数学、物理学及新技术引进气象和地球物理研究，建立和发展了中国动力气象、大气环流、数值天气预报和云雾物理等学科，在大气科学、地球物理和高空物理方面取得重要研究成果，在气团分析、信风带热力学、大气准定常活动中心、有关带电粒子和外层空间磁场的物理机制等方面进行了奠基性研究。

赵九章是中国宇航事业的奠基人之一。1957 年 10 月苏联第一颗人造卫星上天之后，他积极倡议发展我国的人造卫星。1958 年 8 月，中科院为实施我国的空间科技发展规划，成立了"581"小组，赵九章任副组长。1958 年 10 月，他率领中科院高空大气物理代表团去苏联考察访问，在考察总结中提出："我国发展人造卫星一定要走自力更生的道路，要由小到大，由低级到高级。"随后几年，他带领科技队伍进行探空火箭探测的研究；开展卫星的探索和预研；研制环境模拟设备和建立实验室；开展遥测、跟踪定位技术研究；培养人才，组建队伍，为中国人造卫星做了大量预研和基础工作。1964 年，当他了解到我国运载火箭研制已有一定基础时，不失时机地上书周恩来总理，建议国家立项正式开展人造卫星研制工作，受到了党中央的重视。1965 年，中央批准了中科院《关于发展我国人造卫星的工作规划》。在 1965 年 10 月召开的我国第一颗人造卫星规划方案论证会上，赵九章作为卫星科学技术的总体负责人，做了主要的论证报告。1966 年 1 月中科院卫星设计院成立，他担任院长。他对我国第一颗人造卫星的研制、返回式侦察卫星总体技术方案的确定和关键技术研制任务的落实，以及对我国人造卫星系列发展规划的制定都作出了重大贡献。

1958 年到 1966 年，他亲自主持研究组开展了空间物理学科领域的开拓性研究，开创了我国磁暴磁层、辐射带太阳风等课题的研究；还开展了反导弹课题中的导弹飞行现象的研究。在他的指导下，还进行了我国核爆炸试验的地震观测和弱冲击波传播规律的观测研究和气象预告服务，为我国核试验研究作出了贡献。1966 年 1 月中科院应用地球物理研究所成立，他兼任所长。

赵九章不仅是一位科学家，也是一位教育家。他一生重才善教，教书育人，循循善诱地培养人才，不拘一格地选拔人才，他的学生和他带领培养的科技人员，日后大多成了科研骨干和学科带头人，其中院士就有十几位。

1968 年 10 月 26 日，赵九章在"文革"中被迫害致死，终年 61 岁。1978 年得到平反昭雪。

1. 1935 年留学德国时的赵九章。

2. 青年时代的赵九章。

1

2

1. 1933 年，赵九章与同班好友
   傅承义（右）、王竹溪（左）
   在清华。

2. 1948 年秋，赵九章（前排左1）
   与清华大学气象系师生合影。

3. 1946 年 4 月，赵九章在美国
   哈佛大学讲学时留影。

4. 1935 年，赵九章与夫人吴岫
   霞、女儿赵燕曾于清华园。

5. 赵九章夫妇及女儿们。

赵九章

1

2

1. 1957 年，赵九章在日本召开的国际物理年会上作报告。

2. 1958 年，赵九章（右 1）率中国科学院高空大气物理代表团访问苏联，考察卫星情况，成员有钱骥（右 2）、卫一清（右 3）、杨嘉墀（左 1）、杨树智（右 4）。

3. 1959 年 12 月参加印度科学会议，赵九章（左）与周培源合影。

4. 1959 年，赵九章（左）在苏联参观苏联卫星。

5. 1959 年 4 月 15 日，赵九章（左侧座位右 1）应邀参加毛泽东同志召集的第 16 次最高国务会议。

6. 1963 年赵九章于瑞典。

赵九章

1. 1964 年，赵九章（后排中）、王淦昌（后排右 3）与中国科技大学学生在一起。

2. 1965 年赵九章访法时在埃菲尔铁塔前留影。

3. 1965 年赵九章和夫人吴岫霞游览颐和园。

4. 1968 年，赵九章夫妇与大女儿
   赵燕曾（后排右 1）、二女儿
   赵理曾（后排左 1）、大女婿
   陈章昭（后排右 2）、二女婿
   张肇西（后排左 2）在一起。

5. 1964 年 12 月 27 日，赵九章写
   信给周恩来总理，就我国发射
   人造卫星问题提出建议。

6. 赵九章的"两弹一星功勋奖章"
   证书。

7. 赵九章（后排中）与地震学家
   李善邦（后排右 1）在一起。

赵
九
章

清风华影

怒髮衝冠憑欄處瀟瀟雨
歇擡望眼仰天長嘯壯懷
激烈三十功名塵與土八
千里路雲和月莫等
閒白了少年頭空悲切
靖康耻猶未雪臣子恨
何滅駕長車踏破賀
蘭山缺壯志饑飡胡虜
肉雄心渇飲匈奴血待
從頭收拾舊山河朝天
闕

1. 赵九章铜像，由著名肖像雕塑家程允贤创作，1997年12月17日树立于中科院空间中心。

2. 赵九章在1935年影集封底上书写的岳飞词《满江红》。

3. 2007年9月26日，赵九章先生百年诞辰教育思想座谈会在清华大学举行。图为顾秉林校长（前排左3）和部分来宾合影。前排右3为赵九章二女儿赵理曾。

参考文献

1. 叶笃正主编：《赵九章纪念文集》，北京，科学出版社，1997。

2. 《赵九章》编写组编写：《赵九章》，贵阳，贵州人民出版社，2005。

（赵九章先生照片由其女赵理曾女士提供，版权归赵理曾所有。）

吴晗
（1909.9.24—1969.10.10）

原名吴春晗，字辰伯，号梧轩。

浙江义乌人。

历史学家，社会活动家。

中国科学院哲学社会科学部委员。

吴 晗

　　1928 年考入杭州私立之江大学预科，一年后转入上海中国公学大学部，不久即北上到燕京大学图书馆工作。1931 年考入清华大学历史系，专攻明史。1934 年毕业后留校任教，讲授"明史"、"明代社会"等课程。当时他按照胡适指定的"把自己训练成能整理明代史料的学者"的道路"逐步走去"，写有《胡惟庸党案考》、《胡应麟年谱》等。同时他也流露出强烈的爱国思想，1931 年"九一八"事变后，他在给胡适的一封信中，猛烈抨击南京国民政府是"党国领袖卖国，政府卖国，封疆大吏卖国"，"翻开任何朝代的历史来看，找不到这样一个卑鄙无耻丧心病狂的政府"。

　　1937 年，吴晗应云南大学校长熊庆来之请到云南大学任教授。在云南大学任教三年，吴晗除了讲授"明史"课以外，还写了许多关于明史研究的文章，如《明代之粮长及其他》、《投下考》、《记明实录》、《明代汉族之发展》等。

　　1940 年夏，吴晗转到西南联合大学任教授，讲授"中国通史"，这期间吴晗的思想发生较大的转变。1943 年 7 月，吴晗加入中国民主政团同盟（1944 年改为中国民主同盟），并任民盟云南支部青年委员，主编《民主周刊》，1944 年当选民盟中央委员。他从此接受中国共产党的影响，积极从事爱国民主运动，成为坚强的民主战士。他以历史题材的杂文为武器，向国民党反动派"投枪"，发表《论贪污》、《三百年前的历史教训》等文章。揭露国民党的黑暗统治。在 1945 年"一二·一"爱国学生运动中，他始终与进步学生在一起，站在斗争最前列，当蒋介石发表《告昆明教育界书》后，他立即在《民主周刊》上发表《论"一二·一"惨案与纪纲》一文进行批驳。李公朴、闻一多被害时，他正在上海，冒着生命危险参加了李、闻烈士追悼会并发表演说，写了《哭公朴》、《哭一多》等悼文，痛斥国民党特务暴行。

　　西南联合大学结束后，吴晗返回北平，任清华大学历史系教授，继续讲授"中国通史"，1946 年 10 月任北平民盟主要负责人。在"反饥饿、反内战"的爱国学生运动中，他和进步学生并肩战斗。他的住宅——清华西院 12 号，成了中共地下组织、民盟、民主青年同盟的秘密活动据点。他主持发表民盟北平临时工委抗议美军强奸北大女学生沈崇罪行的宣言，还发表了《论南北朝》、《驳蒋介石》等文章。1948 年

8月中旬，国民党在北平大肆逮捕爱国学生和民主人士，在地下党组织敦促和安排下，他离开北平赴解放区。11月到达河北省平山县西柏坡党中央所在地，受到毛泽东、周恩来的接见。1949年1月，北平和平解放，吴晗返回北平，参与接管清华大学，任北平军管会驻清华大学代表，后任清华大学历史系主任、文学院院长、校务委员会常委、校务委员会副主任委员等职。

1

1949年11月，吴晗当选为北京市副市长，主管北京市的文教工作。他认真贯彻执行中央和市委的有关规定，组织力量对中小学教材进行修改，以提高中小学教学质量。同时，为培养中小学师资，筹建了北京师范学院、北京教师进修学院、北京函授大学等。此外，他还倡议出版谈迁的《国榷》，主持标点《资治通鉴》和改绘杨守敬的《历代舆地图》，发掘定陵等。

吴晗另一方面的重要工作，就是担任北京市民盟主任委员的职务。任民盟第一、二届中央常务委员，第三届中央副主席。此外，他还兼任全国青联副主席，北京市文教委员会主任，北京市中苏友好协会副会长，《新建设》杂志编委会主任，第一届全国政协委员，第二、三届全国政协常委，第一、二、三届全国人大代表，北京市第一至四届政协副主席。1955年被选聘为中国科学院哲学社会科学部委员，另兼中国历史学会第一届理事会理事，北京市历史学会会长，中国科学院历史研究所第二所指导委员等职。

2

1957年，吴晗加入中国共产党，1959年6月，吴晗响应毛泽东的建议，写了《海瑞骂皇帝》一文，发表在《人民日报》上，之后又写了《海瑞》、《清官海瑞》、《海瑞的故事》等文章，宣传海瑞敢说真话的精神。后来又应京剧演员马连良的约请，编写了《海瑞罢官》的历史剧。《海》剧上演后，得到了公众的好评。

1965年11月10日，姚文元在《文汇报》抛出《评新编历史剧〈海瑞罢官〉》一文，诬陷吴晗的《海瑞罢官》是"替右倾机会主义分子喊冤叫屈"，"反党

1. 1931年在清华大学读书时的吴晗。

2. 吴晗1934年清华大学毕业照。

吴

晗

反社会主义的大毒草"。不久，吴晗和邓拓、廖沫沙一起被打成"三家村反党集团"。1968 年 3 月被逮捕入狱，1969 年 10 月 10 日含冤去世。1979 年平反昭雪，恢复名誉。

吴晗一生著述颇丰，代表作有《朱元璋传》、《投枪集》、《灯下集》、《春天集》、《海瑞罢官》、《明史简述》、《朝鲜〈李朝实录〉中有关中国史料》等。

1. 留清华任教时的吴晗。

2. 1951 年的吴晗。

3. 1926 年中学毕业的吴晗，在本村小学做教员。

4. 1934 年清华史学研究会同仁合影。左起：吴晗、汤象龙、罗尔纲、张荫麟、夏鼐、梁方仲等。

7

6

8

5. 1937年9月，吴晗应云南大学校长熊庆来之聘到云南大学文史系教明史。

6. 1945年12月1日，国民党当局镇压昆明学生，发生全国闻名的"一二·一"惨案。1946年2月17日，吴晗在昆明学联等十团体发起的群众抗议大会上发表演讲。

7. 1939年10月，吴晗与袁震在昆明结婚。

8. 1933年秋，郑振铎创办《文学季刊》约请吴晗做编委，其余编委多为当时名士：巴金、冰心、朱自清等。

吴

晗

1. 1946年5月4日，西南联大宣告结束后吴晗去上海经过重庆时留影。右1为中共地下党员李文宜，右2为周新民，右3为吴晗，右4为袁震。

2. 抗战胜利后吴晗夫妇回到阔别9年的北平，在清华园西院12号留影。

3. 1948年11月19日，吴晗和袁震在河北省平山县李家庄。

4. 1948年8月15日，吴晗离开北平去解放区前摄于清华西院北小树林。

5. 1949 年 11 月，吴晗等赴莫斯科参加十月革命纪念活动。前排左 2 起：吴晗、丁燮林、白杨、丁玲、沙可夫、马思聪，后排右 1 赵树理、右 3 曹禺、右 4 李凤莲。

6. 1949 年 6 月，新政协筹备会期间，周恩来同志和部分代表合影。左起：沈志远、吴晗、周恩来、沈钧儒、翦伯赞、楚图南。

7. 1952 年 8 月北京市四届一次各界人民代表会议期间部分领导人合影。中间为彭真，彭真左 1 吴晗、左 2 薛子正、左 4 刘仁，彭真右 1 张友渔、右 4 梁思成。

吴晗

1. 1954年吴晗夫妇与亲属合影。前排右起：吴晗抱李洁、袁震、小妹吴浦星抱李晓强、大妹吴浦月，后排右起：外甥女宋滇、小妹夫李超、外甥女宋蓉、弟弟吴春曦、外甥女吴平、侄儿吴宣。

2. 吴晗夫妇和爱女小彦。

3. 1956年2月印度总理尼赫鲁（前排右4）接见吴晗（右5）为团长的中国访印文化代表团。

4. 1957 年 2 月，吴晗在机场迎接出访归来的彭真。

5. 1959 年 5 月，吴晗带子女和侄女周末游北京动物园。

6. 吴晗（前排右 1）与民盟中央领导在一起。

7. 20 世纪 60 年代的吴晗。

吴
晗

清风华影

1

3

1. 1984年，正值吴晗诞辰75周年、清华毕业50周年、含冤逝世15周年之际，清华大学在近春园修建"晗亭"作为对吴晗永久的纪念。"晗亭"二字由邓小平同志题字。

2. 1964年，邓小平（3排左3）与贺龙（左2）、杨尚昆（左4）、吴晗（左1）在景山公园与孩子们一起欢度五一劳动节。

3. 坐落在清华大学近春园内的吴晗塑像。

参考文献

王宏志、闻立树主编：《怀念吴晗——百年诞辰纪念》，北京，中国社会科学出版社，2009。

（吴晗先生照片由其外甥女吴平女士提供，版权归吴平所有。）

2

曹 禺

（1910.9.24—1996.12.13）

原名万家宝，字小石。

祖籍湖北潜江。

戏剧家。

曹　禺

　　生于天津一个没落的封建官僚家庭。在天津南开中学学习期间参加戏剧活动，曾担任易卜生《玩偶之家》等剧的主角。1926 年开始在天津《庸报》副刊《玄背》上连载小说《今宵酒醒何处》，第一次使用笔名"曹禺"。

　　1928 年，曹禺以优异成绩从南开中学毕业后，免试升入南开大学政治系，但他对政治经济学课程不感兴趣。1930 年暑假专程去北平报考清华大学，9 月，曹禺与八位同学一起转入清华大学，插入外文系二年级就读，广泛钻研从古希腊悲剧到莎士比亚戏剧及契诃夫、易卜生、奥尼尔的剧作。

　　1931 年，"九一八"事变爆发，清华大学的学生们组织起抗日宣传队，开展抗日宣传，曹禺担任了宣传队队长。曹禺率清华大学抗日宣传队在保定育德中学进行抗日宣传，演出了《月亮上升》等话剧。这部描写东北松花江群众掩护抗日武装队员过江的话剧，受到师生的热烈欢迎。育德中学附近有个铁厂，曹禺与工厂的工人们座谈。工人们纯朴的形象，生动的语言，和曹禺沿途所遇融合成了《雷雨》中的鲁大海。多少个日日夜夜，在清华大学图书馆西文阅览室，在水木清华的荷花池畔，曹禺为创作《雷雨》简直到了神魂颠倒的地步。几经揣摩构思，又用了 6 个月全神贯注地写作，曹禺终于完成了《雷雨》的最初创作。此剧以 1925 年前后的中国社会为背景，描写了一个带有浓厚封建色彩的资产阶级家庭的悲剧。

　　1933 年夏，曹禺从清华大学外文系毕业，考取清华大学研究院，暑假前后曾受聘保定育德中学教英文两个月，1933 年 9 月回到清华大学研究院外国语文研究所学习。1934 年因经济困难辍学回到天津，在天津河北女子师范学院任教。

　　1934 年，曹禺的《雷雨》在《文学季刊》第三期发表。之后很快由中华同学新剧公演会在日本东京上演，东京神田一桥教育馆发行了《雷雨》的日译本，成为畅销书。鲁迅看了日译《雷雨》剧本颇为兴奋，对到访的美国记者斯诺说，中国最好的戏剧家有郭沫若、田汉、洪深和一个新出的左翼戏剧家曹禺。正在东京的郭沫若观看了《雷雨》的演出后亲自为《雷雨》的日译本作序说，《雷雨》确是一篇难得的优秀力作。曹禺由此从一位名不见经传的青年一跃成为中国剧坛的巨星。《雷雨》不仅是曹禺的处女作，也是他的成名作和代表作。曹禺清华图书馆作《雷雨》传为佳话。

《雷雨》问世，在中国现代话剧史上具有极其重大的意义，它被公认为是中国现代话剧真正成熟的标志。之后，1936 年曹禺发表《日出》，1937 年发表《原野》，1938 年发表《黑字二十八》（又名《全民总动员》，与宋之的合作），1939 年发表独幕剧《正在想》，1940 年发表《蜕变》，直至 1941 年《北京人》完成。短短几年时间，曹禺的创作水准不论思想上还是艺术上，都已经达到了相当成熟的境界。尤其是被誉为"四大名剧"的《雷雨》、《日出》、《原野》和《北京人》，其艺术功力所达到的境界，迄今为止，尚无人能超越，而当时他仅有 31 岁。1942 年，曹禺将巴金的小说《家》改编为话剧，风格与《北京人》颇有相通处。

1

1949 年 7 月，曹禺参加第一次文代会。1950 年任中央戏剧学院副院长。1951 年自编《曹禺选集》，对《雷雨》《日出》《北京人》作大量修改。同年任《剧本》、《人民文学》编委。1952 年 6 月，北京人民艺术剧院（专演话剧的国家剧院）成立，任院长。同年，为创作以一个知识分子思想改造为主题的剧本《明朗的天》收集素材，1954 年开始创作，1956 年获"第一届全国话剧观摩演出"剧本、导演、演出一等奖。1956 年 4 月加入中国共产党。1960 年，与梅阡、于是之合作创作历史剧《卧薪尝胆》（后改名为《胆剑篇》）。1962 年 8 月，在北戴河度假期间开始创作《王昭君》。

2

"文革"期间曾被揪斗，在北京人艺剧团和宿舍看守传达室。1973 年经国务院总理周恩来亲自过问，被安排在北京话剧团工作。1975 年参加第四届全国人民代表大会。1978 年北京话剧团恢复原名"北京人民艺术剧院"，再次任院长。同年 8 月，为创作《王昭君》去新疆，并完成初稿，载《人民文学》当年第 11 期。

1996 年 12 月 13 日，曹禺在北京逝世，享年 86 岁。

1. 1933 年曹禺清华大学毕业照。
2. 20 世纪 40 年代曹禺在重庆。

曹禺

1. 20世纪40年代，曹禺访问美国时留影。

2. 1932年秋，曹禺与同学在清华大学同方部演出 *The First & The Last* 剧照。
   左起：曹禺、郑秀、孙毓棠。

3. 1933年曹禺在清华园荷花池畔。

4. 曹禺夫人郑秀1936年清华大学毕业照。

5. 1934年冬，曹禺（前排右3）与郑秀（前排左3）出席清华大学1933级同学何汝辑与吴季班的婚礼，并担任男女傧相。

6. 曹禺23岁在清华写成处女作《雷雨》。图为北京人艺1954年《雷雨》剧照。

7. 1939年曹禺在云南昆明。

曹

禺

1. 20 世纪 40 年代初，曹禺、郑秀夫妇与女儿万黛在四川江安。

2. 20 世纪 50 年代，曹禺在北京张自忠路家中。

3. 20 世纪 50 年代，北京人艺有"郭老曹"剧院美称。毗邻而居的老舍先生（左）常来北京
   人艺，与老友曹禺（中）相谈尽欢。

4. 1956 年，日本文化人士访华团团员、剧作家真船丰（右）和欧阳予倩（左）、曹禺（中）
   亲切交谈。

5. 1961 年，曹禺在家中创作《胆剑篇》。

6. 1978 年曹禺与家人。左起，前排：外孙唐迎、刘迈，中排：三女万方、曹禺、四女万欢，
   后排：长女万黛、长女婿刘小达、二女婿彦林、二女万昭。

曹禺

清
风
华
影

1

2

1. 1979 年，曹禺（左）、阳翰笙（中）、丁玲（右）在一起。

2. 20 世纪 80 年代，曹禺（中）访问英国时留影。左为英若诚。

3. 1980 年，曹禺（右）、李玉茹（中）夫妇与老友叶浅予在一起。

4. 1988 年 4 月，曹禺（左）在上海与挚友巴金亲密交谈。

3

4

曹禺

1. 1988 年，曹禺与电影导演谢晋（左）和演员王馥荔（右）相遇，称赞
   他们在导演和表演艺术上有了新的进展。

2. 20 世纪 80 年代末，曹禺和女儿万方（左）、万欢（右）在北京。

3. 曹禺（左）与臧克家。

4. 杰出的剧作家曹禺。

5. 20 世纪 80 年代中期，曹禺在南方。

6. 20 世纪 90 年代初，曹禺在北京医院写作。

曹

禺

1

2

1. 1993 年 4 月，曹禺为清华校友刊物《清华校友通讯》题写的栏名"荷花池"。

2. 晚年在医院接受治疗的曹禺，与母校清华大学看望他的代表合影。后排左起：清华大学艺术教育中心主任郑小筠，曹禺夫人李玉茹，清华校友总会总干事承宪康。

参考文献

1. 田本相：《曹禺》，北京，中国戏剧出版社，2010。

2. 曹禺：《曹禺自述》，北京，新华出版社，2010。

（曹禺先生照片主要由其女万方女士提供，版权归万方所有。）

费孝通

（1910.11.2—2005.4.24）

江苏吴江人。

社会学家，社会活动家。

中国科学院哲学社会科学部委员。

费孝通

1928 年考入东吴大学医学预科，读完两年医学预科，因受当时革命思想影响，决定不再学医，而学社会科学。1930 年转入燕京大学社会学系，1933 年毕业。同年考取清华大学社会学及人类学系研究生，1935 年通过毕业考试，并取得公费留学资格。在出国前，偕同新婚妻子王同惠前往广西大瑶山进行调查，在调查时迷路，误踏陷阱，腰腿受伤，王同惠出外寻求支援，不幸溺水身亡。

1936 年，他在太湖东岸一个叫开弦弓的小村庄居住休养时，进行过一次社会调查，所获材料甚丰。同年夏，携此材料赴英留学，入伦敦大学政治经济学院，写成《江村经济》。1938 年以此作获伦敦大学研究院哲学博士学位。该书 1939 年在伦敦出版，被欧美许多大学的社会学系列为学生的必读书之一。马林诺斯基教授在序言中评价：我敢预言，费孝通博士的这本书将是人类学实地调查和理论发展上的一个里程碑。它让我们注意的并不是一个小小的微不足道的部落，而是世界上一个最伟大的国家。

1938 年暑期，费孝通从英国回到祖国，任教于云南大学，成立社会学研究室，继续在内地农村开展社会调查，研究农村、工厂、少数民族地区的各种不同类型的社区，出版了调查报告《禄村农田》。1943 年至 1944 年在美作访问学者。在芝加哥大学编译 *Earthbound China* 一书，在哈佛大学编译 *China Enters the Machine Age* 一书，均在美出版。访美回来后，1945 年由潘光旦先生介绍参加中国民主同盟，投身爱国民主运动，同时转入西南联大，任清华大学教授。1946 年李公朴、闻一多被国民党特务暗杀，昆明处于白色恐怖中，因而费孝通被迫离滇，并于该年冬重访英国。1947 年返回北平，继续在清华大学任教，直到新中国成立。其间曾任清华大学社会学系教授、系主任，清华大学副教务长。著作有《生育制度》、《乡土中国》等，译著有马林诺斯基的《文化论》、斐斯的《人文类型》、梅岳的《工业文明的社会问题》等。此外还写了许多结合时事的文章在国内各刊物发表，收集出版的有《初访美国》、《重访英伦》、《内地农村》、《乡土重建》、《美国人的性格》、《皇权和绅权》、《民主、宪法、人权》等。

1952 年院系调整后，任中央民族学院教授、副院长。1955 年当选中国科学院哲学社会科学部委员。

1955年到贵州进行民族识别工作，参加少数民族社会历史调查。1957年，费孝通再次来到开弦弓村进行调查，写出《重访江村》，阐述了自己对当时农业发展的忧虑。1957年6月1日，《人民日报》正面报道了费孝通重访江村的主要观点：要增加农民收入，光靠农业增产是不行的。但该观点很快又遭到批评。1957年3月24日，费孝通写的《知识分子的早春天气》发表在《人民日报》，因而被划为"右派"。

改革开放后，他对重建中国社会学做出了重要贡献，他是重建社会学所和社会学协会的元老。他联系实际，让社会学中国化，一生以富民作为自己的目标，每年都有几个月到农村去进行调查研究，带出了好的学风。他历任中国社会科学院民族研究所副所长，中国社会学学会会长，中国社会科学院社会学研究所所长，北京大学社会学系教授，国务院学位委员会委员，中华人民共和国香港特别行政区基本法起草委员会副主任，中国民主同盟中央第六届中央主席，第七、八届全国人民代表大会常务委员会副委员长，中国人民政治协商会议第六届全国委员会副主席等。

1980年春，费孝通获国际应用人类学会马林诺斯基纪念奖；1981年春，获英国皇家人类学会授予的赫胥黎奖。1982年被选为英国伦敦大学政治经济学院荣誉院士，还曾获澳门东亚大学社会科学博士、香港大学文学博士等荣誉。1988年获"大英百科全书"奖。曾在加拿大作《中国的现代化和少数民族》演讲。1992年，费孝通发表《行行重行行——乡镇发展论述》，收入自己80年代以来考察沿海乡镇企业的主要研究报告，就中国乡镇企业的发展及其在改革和国民经济中的位置提出了精辟的见解。解放后著作有《我这一年》、《大学的改造》、《兄弟民族在贵州》、《话说呼伦贝尔》等。1999年至2004年相继出版的《费孝通文集》（16卷本），收集了他从早年至2004年绝大部分著述，这是他一生重要学术成就的集纳，也是我国社会科学的一项丰硕成果。

2005年4月24日费孝通在北京逝世，享年95岁。

1

2

1. 1943年至1944年在美国做访问学者的费孝通。

2. 费孝通1936年留影。

费孝通

335

1

2

1. 1936 年在家乡养伤、调查时的费孝通和开弦弓村的孩子在一起。

2. 费孝通和夫人王同惠合影。

3. 1948 年费孝通和夫人孟吟、女儿费宗惠于清华园胜因院宿舍合影。

4. 1947 年 12 月，清华大学社会学系学生到胜因院 39 号费孝通家请教时留影。前排左起：费孝通、夫人孟吟；后排左起：张祖道、王康、费宗惠、孟子光（法律系）、裴毓荪、黄宗英。

5. 1948 年清华大学社会学系师生合影。前排左 3 为费孝通、右 4 为裴毓荪。

3

4

5

费
孝
通

清风华影

1. 1951年费氏三兄弟北京合影。三兄弟才华独具，名声卓著，被柳亚子先生誉为"三凤齐飞"。左起：费孝通、费振东、费青。

2. 1956年，费孝通（左1）、华罗庚、胡愈之、童第周和毛泽东同志在一起。

3. "手捧青豆茶，款款话桑麻。"费孝通（左下）重访江村时和乡亲们聊天。

4. 1980年费孝通（右）在美国丹佛获马林诺斯基应用人类学奖。

5. 改革开放"重建中国社会学"的任务提出后，1979年，中国社会科学院代表团出国进行学术交流。图为费孝通（左5）及代表团成员与哥伦比亚大学校方合影。

3

4

5

费 孝 通

1

2

3

1. 1982 年，费孝通（右 3）、钱伟长（右 2）率民盟中央智力支边小组在呼和浩特草原。

2. 费孝通教授在家中。

3. 1984 年费孝通（左 1）在江苏连云港作实地考察。

4. 1984 年 9 月 17 日，费孝通（左）踏上了"苦甲天下"的甘肃省定西县的土地，对定西县石家岔小流域治理情况进行实地考察。

5. 费孝通（左 4）在苏北射阳察看丹顶鹤的养殖情况。

6. 1987 年 11 月，费孝通在日本作《社会学中国学派和我的学术经历》的学术报告。

7. 1985 年费孝通在甘南藏族自治州留影。

费孝通

1. 20 世纪 80 年代邓小平同志亲切接见费孝通。

2. 费孝通接受香港大学授予的文学博士学位。

3. 1988 年 2 月，费孝通（左）在联合国接受 1988 年"大英百科全书"奖。

4. 1990 年 4 月 10 日，江泽民同志邀请费孝通在中南海会晤，听取费孝通代表民盟中央提出的"关于建立长江三角洲经济开发区的设想"。

5. "脚踏实地，胸怀全局；志在富民，皓首不移。"——费孝通题。

6. 中国民主同盟第七届中央委员会主席、副主席、秘书长合影。前排左起：陶大镛、马大猷、谈家桢、高天、费孝通、钱伟长、孔令仁、罗涵先，后排左起：张毓茂、吴修平、丁石孙、康振黄、冯之浚、谢颂凯、余泽猷。

1. 1999 年 9 月 23 日，国家社会科学基金项目优秀成果颁奖大会在北京人民大会堂举行。费孝通的《行行重行行——乡镇发展论述》获特别荣誉奖。图为胡锦涛同志为费孝通颁奖。（新华社赵迎新摄）

2. 五十五载风雨春秋，费孝通和夫人孟吟甘苦与共，相濡以沫。

3. 费孝通全家福。左起：女婿张荣华、女儿费宗惠、费孝通、外孙女张勤、夫人孟吟、外孙张喆。

参考文献

《费孝通》编委会编：《费孝通》，北京，群言出版社，1996。

（费孝通先生照片使用已征得其女费宗惠女士同意。）

华罗庚

（1910.11.12—1985.6.12）

江苏金坛人。

数学家，教育家，社会活动家。

中国科学院数学物理学部委员。

华罗庚

1924 年金坛县立初中毕业后，因家贫失学，协助父亲料理一家小杂货铺，并利用业余时间自学数学。1926 年入上海中华职业学校学习，一年后辍学回乡。1929 年到金坛中学任庶务会计，同年冬患伤寒病半年，左腿致残，仍自修数学，写数学论文。1930 年在上海《科学》杂志发表了《苏家驹之代数的五次方程式解法不能成立的理由》，受到清华大学算学系主任熊庆来教授的赏识，经其推荐，1931 年 8 月到清华大学算学系任助理，同时旁听进修数学专业全部课程，自学了英文、德文、法文，在国内外数学杂志上发表了十多篇论文，破格由助理（职员）提升为助教（1933）、教员（1934）。

1936 年夏由清华大学推荐，中华文化教育基金会保送，被派往英国剑桥大学深造，在一个世界著名的数论学家小组工作，攻读了大量文献资料，又在英、法、苏、德和印度的数学杂志上发表了 18 篇论文。抗日战争爆发后，他爱国心切，1938 年离开英国回到祖国昆明，任西南联合大学数学系教授。在生活清贫、环境不安定、遭受日本飞机轰炸的条件下，埋头研究数学和进行数学教学，先后写了二十多篇数学论文，完成了名著《堆垒素数论》。1946 年春应邀访问苏联，著有《访苏三月记》。9 月应邀前往美国，先后任普林斯顿高等研究院研究员、伊利诺伊大学数学教授（终身聘约）。1948 年 3 月入选中央研究院院士。新中国成立后，他响应祖国召唤，于 1950 年 1 月离开美国返回祖国，途经香港时写了《给留美同学的一封公开信》（1950 年 3 月 11 日新华社播发），信中说：“梁园虽好，非久居之地”，我们“应当早日回去”，“为我们伟大祖国的建设和发展而奋斗”。3 月 16 日回到清华大学数学系任教授。1952 年 7 月中国科学院数学研究所成立，任所长。1955 年任中国科学院数学物理学部委员、副主任。1958 年兼任中国科技大学副校长兼数学系主任。1978 年 3 月任中国科学院副院长，1979 年兼任中国科学院应用数学研究所所长。1979 年 6 月加入中国共产党。

他是世界闻名的杰出数学家。仅有初中毕业学历，全靠勤奋自学，在纯粹数学和应用数学方面达到很高的造诣，取得了很大的成就，成为中国解析数学、典型群、矩阵几何学、自守函数论和多复变函数论等很多方面的创始人和开拓者。20世纪30年代在英国剑桥大学发表了著名的《论高斯的完整三角和估计问题》和关于"塔内问题"的研究成果，国际数学界称之为"华氏定理"。华罗庚在西南联大的油灯下，写成了被国内外数学家视为经典的《堆垒素数论》，获当时教育部第一届学术会议自然科学一等奖。爱因斯坦从普林斯顿发来专函："你此一发现，为今后数学界开了一个重要的源泉。"40年代他在美国的研究范围扩大到多复变函数论、自守函数论和矩阵几何，美国数学家狄锐克·莱麦尔说他"掌握了20世纪数论的至高观点"。1957年1月，他的论文《典型域上的多元复变数函数论》应用了前人没用过的方法，获中国首届自然科学一等奖。1958年出版专著《多复变数函数论中典型域的调和分析》。他的研究成果被国际数学界命名的，除"华氏定理"外，还有"布劳威尔－加当－华定理"、"华－王（元）方法"。1960年发表《运筹学》论文，开始把数学理论和生产实践相结合，筛选出了以改进工艺问题的数学方法为内容的"优选法"和处理生产组织与管理问题为内容的"统筹法"（简称"双法"）。他坚持二十多年，足迹遍及26个省、自治区、直辖市，亲自演讲，组织数以百万计的工人、农民、战士和工程技术人员，使"双法"得到广泛的普及和推广，取得了节约能源、增加产量、降低消耗、缩短工期等显著经济效益。1977年，他的"铁塔统筹和汽车节油"实验获中国科学院一等奖，1978年推广"双法"小分队被评为先进集体。80年代，他不顾年老体弱，重新追忆写出了《计划经济大范围最优化的数学理论》一书。

他一生留下二百多篇学术论文、十部专著，其中八部在国外翻译出版，有些已列入20世纪经典著作之列。由于他卓越的科学成就，先后被选为美国科学院外籍院士和第三世界科学院院士，法国南锡大学、美国伊利诺伊大学、香港中文大学授予他荣誉博士学位，被选为联邦德国巴伐利亚科学院院士。他被美国芝加哥科学技术博物馆列为当今88个数学

1. 20世纪30年代的华罗庚。

2. 任清华大学算学系教员的华罗庚。

华罗庚

347

伟人之一。

他不仅是一位杰出数学家，还是一位著名教育家。他一直把教学和科学研究结合在一起，在清华大学任教时，讲的课都是当时数学领域的新课题，如"抽象代数学"、"解析数论"、"连续群论"、"方阵"等，并且都是结合自己的研究成果讲授的。到科学院后，仍然把科学研究和教学结合起来，发现和培养了大量的优秀数学人才。理论联系实际是他重要的教育思想，为了使数学理论为群众掌握用于工农业生产，他写了《优选法平话及其补充》和《统筹法平话及其补充》，让工人能懂、会用、见成效，逐步推广"双法"，培养了一支为国民经济服务的科技队伍。他是新中国中学生数学竞赛的创始人，引导青少年热爱科学，用科学的方法学习科学。

他还是一位著名社会活动家。他是第一至六届全国人大常委会委员。1985年4月当选为第六届全国政协副主席。还历任中国民主同盟中央常委、副主席，中国数学会理事长，中国优选法统筹法与经济数学研究会会长，中国科学技术协会副主席。还访问过苏、英、美、法、德、瑞典、印度等国，进行科学文化学术交流。

1985年6月3日，他带领一批中年业务骨干赴日本进行学术交流，6月12日在向日本数学界作学术报告的讲坛上，当讲完最后一句话时，心脏病突发，抢救无效逝世，终年75岁。

1. 1936年9月华罗庚摄于剑桥寓所后花园。

2. 1936年在英国剑桥大学的清华学子在CAMBRIDGE的牌子下留影。左6为华罗庚。

3. 1946年华罗庚（中）在应邀访苏的欢迎宴会上。右为苏联科学院数学所所长维诺格拉多夫，左为苏联著名盲人数学家庞特里亚金。

2

3

1

2

1. 华罗庚（左）在清华园新林院家门口与长子华俊东（右）下棋。站在旁边为他们收棋子的是华罗庚二女儿华苏。

2. 抗战时期，华罗庚全家在西南联大家门口合影。

3. 1956年6月，毛泽东同志和华罗庚亲切握手。

4. 1950年华罗庚在回国的船上。2排左2为华罗庚、左3为程民德。

5. 1953年8月，华罗庚（右4）和数学研究所的研究人员在清华园新林院中国科学院数学所门前漫谈数学问题。

华罗庚

清风华影

1. 20世纪50年代，周恩来同志接见印度数学代表团。华罗庚（左2）陪同。

2. 1953年3月，华罗庚（右2）作为中国科学院访苏代表团的成员再次访苏。左2为冯康。

3. 华罗庚和他的学生们。1排左起：潘承洞、陆启铿、华罗庚、陈景润、越民义，2排左起：李之杰、万哲先、吴方、龚升、王元，3排左起：陈德泉、陆洪文、计雷。

4. 1956年，华罗庚为中学生作关于"杨辉三角"的报告。

5. 1957年春节华罗庚全家合影。前排左1三子华光、右1二女华苏、右3幼女华密，后排左起：次子华陵、夫人吴筱元、华罗庚、长女华顺、长子华俊东、长媳柯小英。

6. 1961年夏，中国科技大学副校长华罗庚（前排左3）与校长郭沫若（前排左2）、党委书记郁文（前排左1）等在中国科技大学参加学生庆祝活动。

7. 华罗庚（中）给中国科技大学1958级学生上课的情景。

4

5

6

7

华
罗
庚

1

3

2

4

5

6

7

8

1. 在工人中推广优选、统筹"双法"的华罗庚。

2. 1974年华罗庚(左)在农村访问，了解应用统筹法科学种田获得丰收情况。

3. 1972年华罗庚在伏案工作。

4. 华罗庚、吴筱元夫妇。

5. 1978年在全国科学大会上华罗庚和陈景润(右1)、杨乐(左1)、张广厚(左2)交谈。

6. 1978年在全国科学大会上华罗庚(左)和陈景润在一起。

7. 1981年华罗庚(左)与陈省身在美国。

8. 1978年科学的春天来临，华罗庚精神焕发，对祖国的未来充满希望。

华罗庚

1. 1984 年华罗庚（中）和丘成桐（右）、
   曹怀东（左）在美国圣迭戈。

2. 1983 年华罗庚（左）获美国科学院
   外籍院士时，用中文在院士名册上
   签名。

3. 华罗庚（左）与著名数学家塞尔伯
   格（A.Selberg）的合影。

4. 1985 年华罗庚在日本最后一场讲演
   时的情景。

参考文献

丘成桐、杨乐、季理真：《传奇数学家华罗庚——纪念华罗庚诞辰 100 周年》，
北京，高等教育出版社，2010。

（华罗庚先生照片由其女华苏女士提供，版权归华苏所有。）

钱钟书

（1910.11.21—1998.12.19）

字默存，号槐聚，笔名中书君。

江苏无锡人。

作家，学者。

钱钟书

1910 年生于江苏无锡诗书世家，自幼受到传统经史方面的教育，中学时擅长中文、英文，然数学等理科成绩极差。报考清华大学时，数学仅得 15 分，但因国文、英文成绩突出，其中英文更是获得满分，于 1929 年被清华大学外文系破格录取。钱钟书学识渊博，记忆力惊人。在清华大学读书时，他与吴晗、夏鼐被誉为清华"三才子"。

1933 年在清华大学毕业后，钱钟书任上海光华大学外文系讲师。1935 年和杨绛女士结婚。同年考取公费留学生资格，赴英国牛津大学英文系攻读两年，于 1937 年毕业，获副博士学位，后赴法国巴黎大学研究院研究法国文学。1938 年回国，曾任昆明西南联合大学外文系、国立蓝田师范学院英语系、上海震旦女子文理学院、上海暨南大学外语系教授，北京图书馆英文馆刊顾问，南京中央图书馆外文部总编纂。

新中国成立后，历任清华大学外文系教授，北京大学、中国科学院、中国社会科学院哲学社会科学部古典文学组研究员，中共中央宣传部《毛泽东选集》英文编译委员会委员，中共中央对外联络部"毛选"英文编译定稿小组成员。1953 年任中国科学院文学研究所研究员、哲学社会科学部一级研究员。"文革"中受冲击。1982 年起任中国社会科学院副院长、文学所研究员。1993 年被聘为中国社会科学院特邀顾问。第五、六届全国政协委员，第七、八届全国政协常委。

长期致力于中国和西方文学的研究。主张用比较文学、心理学、风格学、哲理意义学等多学科的方法，从多种角度理解和评价文学作品。解放前出版的著作有散文集《写在人生边上》，用英文撰写的《十六、十七、十八世纪英国文学里的中国》，短篇小说集《人·兽·鬼》，长篇小说《围城》，文论及诗文评论《谈艺录》。其中《围城》有独特成就，被译成多国文字在国外出版。《谈艺录》融中西学于一体，见解精辟独到。解放后出版有《宋诗选注》《管锥编》五卷《七缀集》《槐聚诗存》等。《宋诗选注》在诗选与注释上都卓有高明识见，还对中外诗学中带规律性的一些问题作了精当的阐述。《管锥编》则是依托对《周易》《毛诗》《楚辞》《老子》《左传》《史记》等典籍的独到研究，而又涉及后代许多文化论著和文学作品，熔铸古今，观照中外，体大思精，旁征博引，就这些典籍中所涉及的文化、人生的诸多问题都做了深入的探讨并得出许多精辟结论的学术巨著，是数十年学术积累的力作，堪称当代学术的一座高峰，曾获第一届国家图书奖。

钱钟书不仅精通英文、法文、德文、意大利文及拉丁文、西班牙文，而且对西方古典的和现代的文学、哲学、心理学以至各种新兴的人文学科，都有很高的造诣和透辟的理解。对我国古代的经、史、子、集都有广泛而深入的研究。他立足于我国的文化传统，努力打通古今中外，使之熔于一炉，并铸广博的知识与精审卓识于一体，使丰富的原创性发现和坚实的学理性论证二者达到完美的统一。

钱钟书的治学特点是用贯通中西、古今互见的方法，融汇多种学科知识，探幽入微，钩玄提要，在当代学术界自成一家。因其多方面的成就，被誉为文化大家。他淡泊名利，甘愿寂寞，辛勤研究，著作等身，饮誉海内外，为国家和民族作出了卓越贡献，培养了几代学人，是中国的宝贵财富。

1998 年 12 月 19 日，钱钟书因病在北京逝世，享年 88 岁。

1. 钱钟书清华大学毕业照。
2. 1934 年，钱钟书在上海光华大学教英语，时 24 岁。
3. 青年时代的钱钟书。

钱钟书

清风华影

1. 钱钟书的清华大学毕业证书。

2. 1934年4月2日至9日，钱钟书从上海来看望正在清华读研究生的女友杨绛，两人在北京郊区周游。他在《记四月二日至九日行》诗中言："分飞劳燕原同命，异处参商亦共天；自是欢娱常苦短，游仙七日已千年。"

3. 新婚的钱钟书、杨绛搭乘游轮赴英国留学。

4. 1938 年，钱钟书、杨绛夫妇摄于巴黎卢森堡公园。

5. 1936 年 6 月在牛津，杨绛为钱钟书拍的照片。

6. 在牛津期间，钱钟书与导师 A.E.Baber Giles 父子在
   导师家花园。

钱钟书

1. 杨绛（右）和好友蒋恩钿1932年摄于清华大学礼堂前草坪。

2. 钱钟书全家福。

3. 在清华大学研究院学习时的杨绛。

4. 1938年钱钟书、杨绛夫妇与盛澄华（右）在巴黎。

5. 1939年，在昆明西南联大任教时的钱钟书。

3

4

5

1

2

清风华影

3

1. 1950 年清华校庆日，钱钟书一家摄于清华大学新林院 7 号。

2. 20 世纪 80 年代钱钟书在家中。

3. 工作中的钱钟书。

4. "两耳不闻窗外事，一心只读中西书"的钱钟书。

5. 1980 年 9 月 3 日，1933 级部分在京清华校友欢迎美籍校友张民觉（前排中）于北京合影。2 排右 3 为钱钟书。

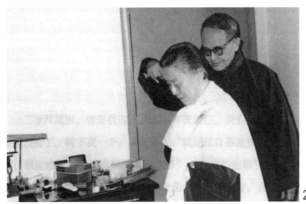

1. 钱钟书、杨绛夫妇1981年摄于北京三里河寓所。

2. 钱钟书和杨绛夫妇日常互相理发,杨绛用电推子,钱钟书用剪刀。

3. "文革"后,钱钟书(左)与清华同学胡乔木在北京三里河寓所畅谈。

4. 钱钟书、杨绛夫妇一同阅读。

5. 志同道合的钱钟书、杨绛伉俪。

6. 钱钟书、杨绛夫妇在北京三里河寓所院里散步。

1

2

1. 女儿钱瑗从英国留学回来时，钱钟书一家合影。

2. 1998年12月19日，钱钟书在北京逝世。清华园南北主干道上，学生们用千纸鹤悼念他们尊敬的钱钟书学长。

3. 杨绛依依不舍送别钱钟书。

4. 2001年夏，杨绛在清华度过她的91岁生日。图为她在清华图书馆参观时留影。

5. 2001年9月7日，杨绛将他们夫妇的稿酬72万元及其后出版作品版税全部捐赠清华大学，设立"好读书奖学金"。截至2010年10月，该基金已达840万元，获奖学生有270人。

3

4

清
风
华
影

1. 2008 年 12 月 19 日钱钟书先生逝世 10 周年纪念日，清华师生在校园里举行纪念活动。

2. 2010 年新春，清华大学党委书记胡和平看望 99 岁的杨绛，向杨绛送上美好的祝福。

3. 2010 年 11 月 18 日，清华大学师生召开座谈会，纪念钱钟书先生诞辰 100 周年。

（钱钟书、杨绛先生照片经吴学昭女士授权在本书中使用。）

季羡林

（1911.8.6—2009.7.11）

字希逋，又字齐奘。

山东临清人。

文学家，语言学家，教育家，

社会活动家。

中国科学院哲学社会科学部委员。

季 羡 林

生于山东省临清市康庄镇。6 岁到济南，投奔叔父季嗣诚，入私塾读书。之后，先后就读于山东省立第一师范学校附设新育小学、正谊中学、山东大学附设高中。在高中开始学德文，并对外国文学发生兴趣。18 岁转入省立济南高中。

1930 年，季羡林考入清华大学外文系，师从吴宓、叶公超学东西诗比较、英文、梵文，并选修陈寅恪教授的佛经翻译文学、朱光潜的文艺心理学、俞平伯的唐宋诗词、朱自清的陶渊明诗。与同学吴组缃、林庚、李长之结为好友，称为"四剑客"。曾翻译德莱塞、屠格涅夫的作品。1934 年以优异成绩大学毕业。大学期间，获得家乡清平县政府所颁奖学金。

1935 年 9 月，根据清华大学文学院与德国交换研究生协定，清华招收赴德研究生，为期 3 年。季羡林被录取，随即到德国，入哥廷根大学。1936 年春，季羡林选择了梵文，在哥廷根大学梵文研究所主修印度学，学梵文、巴利文；选英国语言学、斯拉夫语言学为副系，并加学南斯拉夫文。季羡林师从"梵文讲座"主持人、著名梵文学者瓦尔德施米特教授，成为他唯一的听课者。一个学期 40 多堂课，季羡林学习异常勤奋。

1940 年 12 月至 1941 年 2 月，季羡林在论文答辩和印度学、斯拉夫语言、英文考试中得到 4 个"优"，获得博士学位。因第二次世界大战方殷，归国无路，只得留滞哥城。10 月，在哥廷根大学汉学研究所担任教员，同时继续研究佛教混合梵语，在《哥廷根科学院院刊》发表多篇重要论文。

1945 年 10 月，"二战"终结不久，即匆匆束装，经瑞士东归。1946 年，经清华大学陈寅恪教授推荐，受聘为北京大学教授，创建东方语言文学系并担任首届系主任直至 1983 年（"文革"期间除外），开创了我国真正现代意义上的东方学研究。新中国成立后，继续担任北大东语系教授兼系主任，从事系务、科研和翻译工作。1950 年加入中国民主同盟，1955 年任中国科学院哲学社会科学部委员，1956 年加入中国共产党，1978 年任北京大学副校长兼中国社会科学院—北京大学南亚研究所所长。1993 年当选为中国民主同盟中央文化委员会副主任。曾先后担任中国外国文学学会会长、中国南亚学会会长、中国民族古文字学学会会长、中国语言学会会长、中国外语教学研究会会长、中国高等教育学会副会长和中国敦煌吐鲁番学会会长等多种学术职务。他是第二、三、四、五届全国政协委员，第六届全国人大常委。

季羡林学贯中西，汇通古今，在语言学、文化学、历史学、佛教学、印度学和比较文学等诸多领域都建树卓著，堪称我国学术界的一代宗师。他精通梵语、巴利语、吐火罗语、英语、德语、法语、俄语等多种语言，是世界上仅有的几位从事吐火罗语研究的学者之一。从 1982 年开始，他受新疆博物馆的委托，花费了近 20 年时间，对新疆焉耆出土的吐火罗文《弥勒会见记剧本》进行释读，并用中文和英文在国内外出版专著和发表论文，对吐火罗语的研究作出重大贡献。从 1944 年到 1990 年的近 50 年时间里，他潜心于印度古代语言的研究，将印度中世语言变化规律的研究与印度佛教史的研究结合起来，开辟了研究印度佛教史的新途径。20 世纪 80 年代，他主持编撰的《大唐西域记校注》是国内数十年来西域史研究的重要成果。他历时十年潜心研究，于 1996 年完成的长达 80 多万字的《糖史》，生动展示了古代中国、印度、波斯、阿拉伯、埃及、东南亚，以及欧、美、非三洲文化交流的历史画卷，具有重要的学术意义。作为中印文化交流的友好使者，他得到中印两国政府和人民的敬重。2008 年，他获得印度国家最高荣誉奖"莲花奖"，这是印度首次将此荣誉授予中国学者。作为文学翻译家，他翻译了大量梵语著作和德、英等国经典，包括印度两大史诗之一的《罗摩衍那》和印度古代文学经典《沙恭达罗》等，并撰写了大量的研究著作，这些译著对我国外国文学研究具有极为重要的意义，他也因此被中国翻译协会授予"翻译文化终身成就奖"。从 20 世纪 80 年代后期开始，他极力倡导东方文化研究，主编大型文化丛书《东方文化集成》，约 500 余种、800 余册；他十分关心祖国古代典籍的保存和抢救工作，在 90 年代亲自担任《四库全书存目丛书》总编纂，

1

2

1. 1934 年季羡林获清华大学学士学位。

2. 青年季羡林。

季羡林

为弘扬中国文化作出了突出贡献。

季羡林一生谦虚谨慎，淡泊名利，虚怀若谷，坦诚待人。虽然是当代学人钦佩的大师，但晚年的他公开表示，坚决要求辞去"国学大师"、"学界泰斗"、"国宝"这三顶桂冠。他一生致力于文化的传承、交流和创新，毕生为弘扬中国优秀传统文化不懈努力，展现了一位中国学者对东方文明乃至人类文明发展的深切关怀和远见卓识。

2009 年 7 月 11 日，季羡林在北京逝世，享年 98 岁。

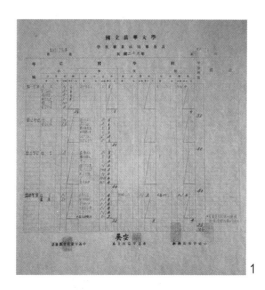

1

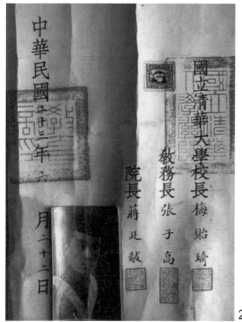

2

1. 季羡林的清华大学学习成绩单。

2. 1934 年，季羡林在清华大学外文系毕业的学位照片及文凭。

3. 季羡林（前排中）清华大学毕业时与好友合影。

4. 1950 年，季羡林（右 4）和汤用彤（右 1）等北大教授们一起为支持抗美援朝签名。

5. 20 世纪 60 年代季羡林在故乡山东。

3

4

5

1. 1962年出访埃及、叙利亚等国。右1为季羡林，右2为清华同级同学吴晗。

2. "文革"期间，季羡林在北京昌平南口参加劳动。

3. 1984年4月，清华大学1934级毕业50周年返校时与校领导合影。3排右3为季羡林，前排右3为校长高景德、左4为老校长刘达。

4. 20世纪80年代，季羡林（前排右2）
与朱光潜（前排左3）、冯至（前
排左2）等学者出席学术会议期间
留影。

5. 1991年季羡林在北大图书馆前。

6. 20世纪90年代初季羡林在北大。

1. 1991年季美林与夫人德华共度结婚60年纪念日。

2. 季美林夫妇于北大校园留影。

3. 1995年季美林与他心爱的猫在一起。

4. 1996 年季羡林在家门前。

5. 1999 年季羡林（左 2）与林庚（左 1）、钟敬文（左 3）、张岱年（右 1）一起出席学术研讨会。

6. 季羡林在北大校园散步。

7. 1997 年季羡林与张岱年（左）、秘书李玉洁（右）合影。

季羡林

1. 1999 年季羡林在书房读书。

2. 1999 年季羡林在北大朗润园。

3. 北大学子们崇敬的季老。

4. 2006年8月6日，中共中央政治局常委、国务院总理温家宝到解放军总医院看望季羡林，并对季羡林95周岁生日表示祝贺。（新华社马占成摄）

5. 2001年季羡林回清华。后为校友徐林旗。

6. 2001年8月，季羡林与孙子、重孙子在一起。

1. 季羡林在家中。

2. 平民学者季羡林。

3. 2005年，清华大学原党委书记贺美英（左2）一行到301医院看望季羡林。右2为清华大学校务委员会副主任胡显章，右1为校友总会秘书长郭樑，左1为清华大学教育基金会秘书长黄建华。

参考文献

于青：《季羡林——静静走在喧嚣中》，郑州，大象出版社，2002。

（季羡林先生照片主要由徐林旗先生提供。）

陈省身
（1911.10.28—2004.12.3）

浙江嘉兴人。

数学家。

中国科学院外籍院士，

美国科学院院士。

世界数学最高奖项

「沃尔夫奖」获得者。

陈省身

生于浙江嘉兴秀水县。9 岁考入秀州中学预科一年级，这时他已能做相当复杂的数学题。1922 年秋，父亲到天津法院任职，陈省身随全家迁往天津。1926 年从天津扶轮中学毕业，考入南开大学本科研修数学，在这里开始了他的数学历程。陈省身在班上年纪虽小，却充分显露出他在数学方面的才华，不满 15 岁的他是全校闻名的少年才子。

1930 年 7 月从南开大学毕业，9 月考入清华大学研究院并兼任助教，随孙光远先生研究射影微分几何。于 1932 年在《清华大学理科报告》上发表第一篇学术论文《具有一一对应的平面曲线对》。1934 年夏从清华大学研究院毕业并获硕士学位后，赴德国汉堡大学深造。

1935 年 10 月，他完成博士论文《关于网的计算》和《$2n$ 维空间中 n 维流形三重网的不变理论》，在汉堡大学数学讨论会论文集上发表。1936 年获德国汉堡大学理学博士学位。1936 年 9 月，来到巴黎大学做学术访问，跟随被称为"20 世纪最伟大的几何学家"的嘉当学习数学。他夜以继日地工作，学习了活动标价、等价方法以及更多嘉当—凯勒理论。更重要的是掌握了嘉当的思想方法，数学功力突飞猛进。

1937 年"卢沟桥事变"后的第三天，陈省身接受清华大学的聘请回到中国。由于战争，清华南迁，陈省身从香港辗转到了长沙，后又到昆明，受聘于西南联大数学系。主持西南联大数学系工作的先后是江泽涵、杨武之两位教授。三校联合，数学系的师资力量强大而充裕。尽管教学和生活条件都很差，众多数学家依然教书育人，大显身手，其中陈省身、华罗庚、许宝騄最为出色，被称为"数学三杰"。

在西南联大，陈省身有机会开一些高深课程，其中包括黎曼几何课程，主要讲授嘉当的一些重要思想。他还与华罗庚等合作开设微分几何学中的李群讨论班，其水平之高，在当时国际上也属少见。他的法国导师嘉当不断地给他寄来微分几何论文等学术资料，他从这些前沿研究的成果中受益良多。后来他们又创办了圆球几何学、外微分方程等讨论班。陈省身的讨论班是参加人数最多的团体，学生们都深受他的影响，视他为良师益友。

从 1938 年 2 月至 1943 年 7 月，是他数学研究生涯中的一个成就斐然的重要时期，他一共写了十多篇论文。1938 年，他的论文《关于投影正规坐标》由美国数学家维布伦推荐在美国著名杂志《数学纪事》上发表。与此同时，他还在《意大利数学联合会通报》上发表了《n 维空间主运动公式》，在中国数学会会报上发表了《高维道路空间的几何》等论文。1942 年，他又接连在《数学纪事》上发表《关于克莱因空间的积分几何》和《迷相曲面几何》两篇重要论文，再次为自己的数学生涯写下了辉煌的一笔。这些论文得到了多位数学大师的好评。然而他们都不会想到，这些一流论文，是陈省身在昆明西南联大的煤油灯下，在饥饿与寒冷中完成的。

在西南联大，陈省身除了自身教学和研究工作有很大的成就外，还培养了许多优秀的学生。这其中包括严志达、王宪钟、吴光磊、王浩、钟开莱等，后来他们都成了著名的数学家。杨振宁也曾选修过他的微分几何学。

1943 年 7 月，陈省身受邀赴美国普林斯顿高级研究所从事研究工作，直到 1945 年年底。他全身心投入大范围微分几何研究，发表了几篇匠心独运的微分几何论文。其中于 1943 年 10 月完成的《闭黎曼流形高斯—博内公式的一个简单的内蕴证明》论文，是陈省身一生最重要的数学研究，二维紧致流形上的高斯—博内公式是经典微分几何的高峰。

1946 年 4 月陈省身回国，5 月开始负责中央研究院数学研究所的筹备工作。1947 年陈省身任代理所长，主持数学所工作。1948 年入选中央研究院第一届院士。

1949 年夏，陈省身接受芝加哥大学的邀请，担任芝加哥大学的几何学教授。11 年中，复兴了美国的微分几何，形成了美国的微分几何学派。1960 年 6 月迁往伯克利加州大学，在该校任职 20 年，使其成为几何学和拓扑学的中心，培养博士 31 位。1961 年被美国科学院推举为院士，荣获美国科技最高奖国家科学奖，并入美国国籍。1975 年，获得美国国

1

2

1. 南开大学理学学士陈省身。

2. 在清华大学研究院求学时的陈省身。

陈
省
身

385

家科学奖章。1981年退休后，担任美国数学科学所第一任所长，任期三年，后任名誉所长。1984年5月获得世界数学最高奖项——沃尔夫奖。

1972年，随着中美关系改善，陈省身开始每年回国访问讲学，从此，他把自己的后半生与中国数学事业的发展紧密地联系在一起。1985年，他提出了"21世纪中国成为数学大国"的著名的"陈省身猜想"，并身体力行，把获沃尔夫奖的5万美元奖金全部捐出，用于创建南开数学研究所，致力于培养中国数学高级人才。1984年，中华人民共和国教育部聘请陈省身担任南开大学数学研究所所长，1992年起为名誉所长。1995年当选为首批中国科学院外籍院士。2000年，陈省身定居南开大学，他殚精竭虑地为把中国建成数学大国贡献了心血。2004年11月2日，经国际天文学联合会下属的小天体命名委员会讨论通过，国际小行星中心正式发布第52733号《小行星公报》通知国际社会，将一颗永久编号为1998CS2号的小行星命名为"陈省身星"，以表彰他对全人类的贡献。

2004年12月3日，陈省身因病在天津逝世，享年93岁。

1. 1930年在天津，陈省身与家人合影。立者右起：陈省身、姐陈瑶华、弟陈家麟，坐者右起：父陈宝桢、妹陈玉华、母韩梅。

2. 1934年陈省身在德国汉堡。

3. 20 世纪 50 年代初，陈省身
   与家人在美国芝加哥。左
   起：陈省身、儿子陈伯龙、
   女儿陈璞、夫人郑士宁。

4. 1936 年 9 月，师友在汉堡
   车站送陈省身离开汉堡赴
   法国巴黎。右起：汉堡大
   学数学教授 W.布拉施克、
   陈省身、吴大任、张禾瑞、
   陈鸧。

3

4

1. 陈省身与夫人郑士宁 1946 年摄于上海。

2. 国际数学大师陈省身。

3. 1972 年，陈省身夫妇（左）与华罗庚夫妇（右）于北京合影。

4. 1972 年 9 月 16 日回国访问，与中国科学院的领导及学者合影。前排左起：周培源、陈璞、吴有训、竺可桢、陈省身、郭沫若、郑士宁、于立群、章文晋、郭梦笔，中排左起：岳岱衡、张维、钱伟长、段学复、江泽涵、王竹溪、李光泽，后排左 1 朱水行、左 3 张素诚、左 4 吴文俊、左 5 田方增、左 6 黄秀高。

5. 1974 年陈省身在日本东北大学（仙台）讲学期间诗作（1975 年手迹）。

6. 1979 年陈省身摄于伯克利。

4

牛刀小試呈初篇（一）
垂老方知學問難
四十一年讀舊作
荷花時節傳新知
同文同志尋真理
一心一德探精微
喜看後學繼前賢
莫道晴人天地小

（一）初作二篇發表於東北數學
雜誌一九三三、三四年

一九七四年八月再訪東北大學承
經一本重大教授邀情招待并
會見在領導下之青年數
學家多人縱談學問快樂无
已爰興東大因緣綴成蕪句
非詩也

陳省身識
一九七四年八月廿一日

乙卯仲夏重登於加州

5

6

陈省身

389

1. 陈省身（左1）接受福特总统（右2）颁发的美国1975年度国家科学奖章。左2为郑士宁、右1为美国国家科学基金会主任 H.G. 史蒂夫。

2. 1980年清华校庆，陈省身（右）与张光斗教授亲切交谈。

3. 1984年陈省身（左）接受以色列总统贺索颁发的沃尔夫奖。

4. 1985年陈省身（左）与杨振宁同获纽约州立大学名誉博士称号时合影。

5. 陈省身与夫人郑士宁1985年留影。

6. 1986年国际数学家大会期间摄于伯克利数学科学研究所前。左起：陈省身、廖山涛、程民德、谷超豪。

陈省身

1

2

3

1. 1986年11月3日，邓小平同志在北京人民大会堂接见陈省身夫妇。左起：何东昌、郑士宁、邓小平、陈省身、宋健、胡国定。

2. 1986年11月10日，与参加南开数学研究所"几何拓扑年"的部分国内学者合影。前排左起：虞言林、孟道冀、戴新生、沈一兵、陈省身、严志达，后排左起：干丹岩、何伯和、陈维桓、侯自新、彭家贵、姜伯驹、李邦河。

3. 1999年7月，陈省身与南开数学研究所研究生们在一起。

4. 2000年10月12日，江泽民同志在中南海会见美籍华裔数学家、中科院外籍院士陈省身教授。（新华社鞠鹏摄）

5. 1992年4月摄于台湾新竹清华大学。左起：李远哲、李政道、陈省身、杨振宁、刘兆玄。

6. 陈省身接受凤凰卫视采访。

陈
省
身

1. 1990 年陈省身（右 1）全家福。

2. 2001 年 4 月，陈省身（左）参加清华大学 90 周年
   校庆时和林家翘亲切交谈。

3. 春节时身穿唐装的陈省身。

参考文献

1. 张奠宙、王善平：《陈省身传》，天津，南开大
   学出版社，2004。

2. 张奠宙、王善平：《陈省身文集》，上海，华东
   师范大学出版社，2002。

王铁崖

（1913.7.6—2003.1.12）

原名庆纯，号石蒂。

生于福建省福州市。

国际法学家，教育家，社会活动家。

王铁崖

青少年时期在福州接受中国旧式教育和西式教育。1929 年考入上海复旦大学,初学外语,一年后改上政治系。1931 年经考试转学入清华大学政治系。1933 年毕业后被保送进清华研究院,师从周鲠生教授攻读国际法。1936 年获法学硕士学位,同年通过中美庚款留学考试。1937 年夏,赴英国伦敦政治经济学院,师从国际法学家劳特派特教授,继续研读国际法。

1939 年夏回国,到重庆任中国国际联盟同志会秘书兼《世界政治》杂志主编。后经周鲠生教授邀请,于 1940 年受聘于乐山武汉大学,开始了他长达 62 年的国际法教学生涯。1942 年转往重庆中央大学政治系任教,同年与王彩女士结为伉俪。1946 年秋,受周炳林教授和钱端升教授邀请北上,进入北京大学政治系任教,讲授国际法。1947 年,继钱端升之后任北京大学政治系主任。1952 年院系调整,北大政治系取消,应翦伯赞教授之邀任历史系教授兼国际关系史教研室主任,讲授国际关系史。1956 年转任法律系教授和国际法教研室主任。在此期间完成了三大卷的《中外旧约章汇编》。

1957 年被错划为"右派",中断了教研活动。在此期间编辑了《海洋法资料汇编》,翻译了凯尔森的《国际法原理》,并与陈体强等翻译了《海上国际法》。1964 年恢复教学研究工作,但因"文革"爆发而再次中断,重陷批斗、劳改的逆境当中。在此期间,与陈体强合译了第八版的《奥本海国际法》。

1977 年后重返讲台,开始了振兴中国国际法学的一系列重要活动。1978 年,与魏敏教授在《人民日报》共同撰文,呼吁重视国际法的教学研究。同年开始在北京大学招收国际法硕士生。1979 年,在北大首创全国国际法本科专业。1980 年协助宦乡创立了中国国际法学会,始任副会长,1991 年任会长,2000 年任名誉会长。1981 年组织、主编了新中国第一本国际法教科书。1982 年同陈体强教授共同创办了中国第一个国际法学术刊物《中国国际法年刊》,担任主编。1983 年在北大创立了全国第一个国际法研究所,同年开始招收国际法博士生。

王铁崖开新时期国际法中外学术交流之先河,架设起学术交流与合作的桥梁。

1979 年，以顾问身份参加中国代表团出席联合国第三次海洋法会议。自 1981 年起，开始选派学生到美国、加拿大、欧洲国家攻读学位或进修。自 1982 年后，以中国国际法教授身份前往世界各地，出席了数十次国际学术研讨会、报告会，并先后在数十所国外著名大学访问或讲学。其中最突出者是，1987 年组织、主持了海牙国际法学院在北京的海外讲习班；1988 年发起举办了"太平洋地区与国际法"系列国际学术会议；1990 年，作为第一个来自中国的客座教授，在海牙国际法学院夏季讲习班讲授"中国与国际法"，其讲稿被收入《海牙国际法演讲集》；1992 年主持召开国际法教学和研究国际研讨会；1993 年倡议开展了中加人权合作研究项目；1995 年出席纽约纪念联合国 50 周年世界大会；1998 年发起、组织中国第一次国际人道主义法国际研讨会。

1

作为中国国际法学的学术带头人和杰出代表，王铁崖在国外赢得了崇高荣誉。1981 年被国际法研究院选为副院士，1987 年当选为正院士，成为该学院第一个中国籍院士。1987 年被选为世界艺术与科学院院士，1988 年被"建立国际刑事法院基金会"授予"著名国际法学者"荣誉称号。1993 年当选为国际常设仲裁法院仲裁员。1997 年在联合国大会上当选为前南国际刑事法庭大法官，1997 年年底赴海牙上任。此外，他还担任了美国著名刊物《海洋发展与国际法》杂志编委，亚洲学会理事会国际理事，在荷兰出版的《亚洲国际法年刊》顾问，加拿大国际法理事会咨询理事等职。

2

1978 年至 2002 年，也是王铁崖学术成果大丰收的时期。除了发表数十篇中英文论文、演讲、报告外，1982 年、1995 年两次主编全国教科书《国际法》，主编了 1982 年至 1998 年的《中国国际法年刊》，1985 年与陈体强组织、编写了《中国大百科全书·中国法学卷》中的国际法词条，1987 年编纂出版了《英法汉国际法辞汇》，1993 年出版《王铁崖文选》，1995 年组织、主译了第九版《奥本海国际法》，1996 年主编出版了《中华法学大辞典·国际法卷》，1999

1. 1933 年王铁崖清华大学毕业照。

2. 青年时代的王铁崖。

王铁崖

年出版了他的绝笔之作《国际法引论》。《国际法》教科书曾获全国文科教材一等奖，《国际法引论》获吴玉章奖特等奖。

王铁崖 20 世纪 50 年代初加入民盟，曾任北京大学工会主席，北京市政协委员。1983 年加入中国共产党，同年当选为全国政协委员。曾任北京大学国际法研究所所长、校学术委员会委员和校务委员会委员，美国问题研究中心主任，中国国情研究中心顾问。他曾是中国政法大学、外交学院和南开大学兼职教授，中国社会科学院法学研究所兼职研究员。1985 年被全国人大常委会任命为香港特别行政区基本法起草委员会委员。他还曾担任过中国国际关系史研究会、中国海洋法学会、中国联合国协会、中国国际交流学会、中国国际文化交流中心、中国和平统一促进会等一系列全国性学术团体、人民团体的理事会成员或领导职务。

2003 年 1 月 12 日，王铁崖因病在北京辞世，享年 90 岁。

1

2

1. 1936 年王铁崖与母亲、姐姐合影于家乡福州。

2. 1942 年王铁崖与王彩女士结为伉俪。

3. 1945 年在重庆，王铁崖与夫人王彩、大女儿王依合影。

3

4. 1984年王铁崖访问斯坦福大学。

5. 20世纪80年代末，王铁崖全家合影于北京中关园家中。

6. 20世纪80年代末，王铁崖夫妇与小女儿在加拿大多伦多。

1

2

3

1. 王铁崖（左）与老师陈岱孙先生。

2. 王铁崖夫妇与老师钱端升夫妇（中）。

3. 1991年王铁崖出访美国伯克利加州大学。

4. 1991年王铁崖夫妇摄于加拿大多伦多大学法学院。

5. 1996年王铁崖在北京大学会见外宾时留影。

6. 1997年，王铁崖在海牙联合国前南国际刑事法庭任法官时留影。

王铁崖

1. 1997 年，清华大学国际问题研究所成立大会，王铁崖在大会上讲话。

2. 1998 年，王铁崖在北京大学未名湖畔。

3. 王铁崖在北京中关园寓所书房。

4. 王铁崖夫妇在北大未名湖畔漫步。

5. 1999年，王铁崖（左）与端木正法官在北京。

6. 1998年，王铁崖夫妇（中）与学生李兆杰（左1）、许舒萱（右1）在家中合影。

7. 1999年，王铁崖在荷兰海牙与麦克唐纳教授（左）及学生李兆杰（右）合影。

王铁崖

1. 2000年，王铁崖（右）与前最高人民
法院院长任建新合影。

2. 2001年，王铁崖夫妇参加清华大学
90周年校庆时在甲所午餐时留影。

（王铁崖先生照片由清华大学法学
院李兆杰教授帮助搜集提供。）

蒋南翔

（1913.9.7—1988.5.3）

江苏宜兴人。

无产阶级革命家，马克思主义教育家，中国青年运动的著名领导者。

蒋南翔

在中学时代就积极参加爱国活动，1932年考入国立清华大学中文系，进校后不久相继参加了进步的读书团体"三三读书会"和"社会科学研究会"，还参加了共产党领导下的"社会科学家联盟"（简称"社联"），积极进行爱国活动。1933年10月加入中国共产党。1935年下半年，当选为清华学生进步刊物《清华周刊》总编辑和清华大学暑期同学会主席，积极传播进步思想，推动清华同学进行抗日救亡活动。同年8月，任清华地下党支部委员兼团支部书记，不久接任党支部书记，并任北平市西郊区党委委员。他是"一二·九"运动的重要领导人之一，起草了清华大学救国会《告全国民众书》，痛陈华北危机，吼出："华北之大，已经安放不得一张平静的书桌了！"这一悲愤呐喊，对唤起全国爱国学生奋起抗日救亡产生过重要作用。

1937年7月，抗战爆发，他在济南、南京组织平津流亡同学会，开展群众工作。9月奉命北上山西，在北方局协助刘少奇编党内刊物《斗争》，还主编《动员报》，宣传八路军抗战事迹。翌年，他在武汉筹备和主持召开了第二次全国学联代表大会，主编《战时青年》杂志，并和杨学诚共同创建"武汉青年救国团"。1939年又奉调去重庆，领导《战时青年》半月刊，并主编《新华日报》青年副刊《青年》；还列席周恩来主持的南方局文委会议，参加重庆八路军办事处的工作与活动。1941年1月，皖南事变后，奉命撤回延安，负责研究国民党统治区的青年运动。1942年，他积极参加延安整风运动，对后期出现的"抢救运动"大胆地提出了批评意见。1945年3月，他对这场运动进行了认真而实事求是的总结和反思，并写成一份《关于抢救运动的意见书》，直接交给刘少奇送达党中央，对审干中采取群众斗争方式的错误与危害、知识分子工作中的偏向，以及应吸取的经验教训，都作了详尽的分析，表现出共产党员坚持真理的勇敢与坦诚。

抗日战争时期，他历任中共北方局青委委员、长江局青委委员、全国学联党团书记、南方局青委书记、中央青委委员兼宣传部部长。他在党中央正确路线的引导下，分别在老一辈无产阶级革命家周恩来、刘少奇、任弼时和彭真等的直接领导下，长期从事青年工作，卓有建树。

抗战胜利后，他先任中共辽北分省委宣传部部长，创办了《辽北群众》杂志；以后相继担任中共中央东北局书记彭真的秘书，哈尔滨市委常委兼宣传部部长、市教育局局长，东北局青委书记，东北局党报委员会秘书长；他还创建了哈尔滨市青年干部学校（后改名为东北青年干部学校）并兼任校长，为东北根据地建设培养了一批青年骨干。

1949 年 1 月，他到中共中央青委工作，担任中国新民主主义青年团筹委会副主任。在全国第一次团代会上作《关于中国新民主主义青年团章程的报告》，并当选为团中央副书记兼组织部部长。后任团中央书记处书记，主持创办了《中国青年报》。

1952 年年底，他出任解放后清华大学的第一任校长，开始了他从事新中国教育事业的光辉生涯。翌年 9 月，兼任北京市高校党委书记；1954 年 6 月，任中共北京市委常委；1956 年 6 月，当选为清华大学党委书记。从 1960 年 1 月到 1966 年 6 月全国发生"文化大革命"时止，他先后担任国家教育部副部长与党组副书记，高教部部长和党组书记、党委书记，仍兼任清华大学校长和党委书记。他在清华大学工作期间，坚持学习苏联教育经验要与我国实际相结合，努力贯彻党的教育工作方针，积极探索适合中国国情的社会主义办学道路，总结了"真刀真枪"做毕业设计，实行教学、科研、生产三结合和建设"三联基地"等经验，在高校产生了积极的

1

2

3

1. 1949 年的蒋南翔。

2. 初任清华大学校长的蒋南翔。

3. 1935 年《清华周刊》总编辑蒋南翔与工作人员合影。前排左起：韦毓梅、吕若谦、杨德基（杨述）、蒋南翔、唐宝心、王馨迪、蒋弗华，后排左起：吴承明、姚克广（姚依林）、章惠中、华道一、吕凤章。

蒋南翔

影响。他重视最新科学技术的发展，率先在清华大学创建了原子能、自动控制等一批新技术专业和学科，使清华大学迅速成为全国第一流的多科性工科大学。他爱护和关怀青年学生，重视对学生的马克思主义教育和政治思想工作，首创学生政治辅导员制度；重视因材施教，提出"争取至少健康地为祖国工作50年"的口号，促进学生德智体全面发展。他重视教职工队伍建设，从政治上和生活上爱护和关心教职工，提出"要争取团结百分之百的教师"和"各按步伐，共同前进"的主张，亲自介绍刘仙洲教授加入中国共产党。他要求党员教师和干部"双肩挑"，同党外专家结合，实现"两种人会师"，为清华培育了一支新老结合、又红又专的教师队伍和干部队伍。他提出著名的"三阶段、两点论"的观点，继承和发扬了清华大学各时期的优良传统和优良学风。蒋南翔在清华大学任校长13年半，表现出超群的治校才能。在他领导下，清华大学的规模与水平有很大发展和提高。到1966年6月，教职工由1953年的1200余人增加到5300多人；在校本科生超过万人规模，比1953年增长两倍半；在其任职期间，清华大学毕业生达18000余人，为国家培养了大批"学术大师、兴业之士、治国之才"，同时提供了许多重大科研成果。此外，校园面积由解放初期的92公顷增加到212.5公顷，建筑面积由10万平方米增加到43万平方米，学校面貌大为改观。蒋南翔的治校成就为日后清华大学的发展打下坚实的基础。

他在教育部、高教部担任领导职务期间，主持起草了《教育部直属高等学校暂行工作条例》(简称《高校六十条》)、《全日制中学暂行工作条例》(简称《中学五十条》)、《全日制小学暂行工作条例》(简称《小学四十条》)三个工作条例，为有中国特色的社会主义教育体系的形成奠定了良好的基础。他还领导了高等教育的调整和改革，为我国研究生教育的开创、理工农医教材的建设、高等学校的科学研究，以及国防尖端科学技术专业和学科的建设，都作出了重要贡献。

在十年动乱期间，蒋南翔受到长期的残酷迫害。粉碎"四人帮"后复出。1977年任天津市委书记，积极建议尽快恢复高等学校统一招生考试。1978年任国家科委常务副主任，担任全国科学大会秘书长，为制订全国科学技术发展规划和第一次全国科学大会的召开，做了大量的组织领导工作。1979年2月，应全国几十所高等院校领导联名向中央要求，由邓小平同志提名，调任教育部部长兼党组书记。他重返教育战线，坚持党的实事求是的思想路线，力排干扰，拨乱反正，领导了高等教育的恢复、调整与改革开放。他还主持起草了《中华人民共和国学位条例》，经五届人大常委第13次会议通过，在我国首次建立了学位制度。这些工作使在"文革"中遭到极度破坏的教育事业得到了恢复和发展。

1982年4月，蒋南翔在教育部退居二线，任教育部顾问。同年8月，出任中共中央党校第一副校长，主持校务，协助校长王震领导党校工作。他主持创办了中央党校理论刊物《理论月刊》。他为党校教育正规化建设鞠躬尽瘁，1986年1月，主持全国省级党校校长座谈会，在会议过程中突发心脏病，住进北京医院。他在主持党校工作期间，仍十分关心国家的普通教育事业，倡议和参加创建了中国高等教育学会，当选为第一任会长，还主持创办了《中国教育报》。

他是中共七大候补代表，八届中央候补委员，十一、十二届中央委员，中央顾问委员会委员，第一届全国政协委员（一届四次全会增选为常委），第一、二、三届全国人大代表，第五届全国人大常委。

蒋南翔一生发表了大量文章与讲话，已出版的有《坚持社会主义的教育方向》《党校教育正规化的探索与实践》等书，丰富了我国教育理论宝库。另有《蒋南翔文集》（上、下）面世。

1988 年 5 月 3 日，蒋南翔在北京逝世，终年 75 岁。

1. 1936 年，蒋南翔（左）和同乡好友何凤元（中）、宗亮东合影。

2. 1949 年 4 月，在全国第一次团代会与青代会前夕，毛泽东同志接见青年代表。右 1 为蒋南翔。

1. 1949 年，蒋南翔在全国第一次团代会上发言。

2. 1955 年，蒋南翔（右 1）陪同刘少奇同志视察清华大学。

3. 1958 年 11 月，周恩来同志陪同金日成来清华大学访问，蒋南翔（前排左 2）陪同参观。

4. 1966 年 1 月，邓小平同志在蒋南翔（左 1）陪同下参观高校科研生产成果展。

5. 1955 年秋，蒋南翔（右 2）率中国高等教育代表团访问苏联，就和平利用原子能和人才培养、专业设置等问题进行考察。

4

5

蒋南翔

1. 1959年，蒋南翔（右5）、刘仙洲（右4）、刘冰（左2）、
   陈士骅（右3）、张维（右1）等学校负责同志审查学
   生在教师指导下设计的国家大剧院方案。

2. 1959年，清华女排获北京市高校冠军，蒋南翔（后排
   左6）、马约翰（后排右6）等和队员们合影。

3. 蒋南翔为清华大学优秀毕业生佩戴奖章。

4. 蒋南翔与清华大学1962届电机系毕业生在一起。

5. 1966年上半年，蒋南翔（右1）视察清华大学绵阳分校建设工地。前排右2为清华大学原副校长、时任学校筹建绵阳分校负责人解沛基。

6. 1975年6月，蒋南翔在河南辉县宝泉水库工地劳动。

蒋
南
翔

1. 1980 年 6 月，蒋南翔（左）访问日本时和清华大学"一二·九"奖学金捐赠人张宗植先生（右）相聚。

2. 1979 年，教育部部长蒋南翔访问英国牛津、剑桥等校，并与英国教育部部长马克·卡莱尔亲切会谈。英国教育委员会年刊 Education 封面刊登了这条消息。

3. 1979 年 9 月，蒋南翔（前排左 3）赴英国访问时摄于伦敦塔前。前排左 2 为彭珮云。

4. 1979 年，蒋南翔（左 1）在荷兰访问时和小学生在一起。

5. 1981年，蒋南翔（右2）等参观清华大学研究生毕业论文展览。

6. 1984年，蒋南翔（左2）在清华大学核能所与教师亲切交谈。

7. 1985年"一二·九"运动50周年时蒋南翔在清华大学与同学们座谈。2排右2蒋南翔、右3荣高棠、右4李传信、右5陈希、右1王凤生。

蒋
南
翔

1. 1988 年春节前夕，蒋南翔与看望
   他的清华学生倪以信（左）、吴
   亭莉（右）在北京医院。

2. 蒋南翔 1985 年 5 月 30 日摄于中
   央党校。

参考文献

1. 清华大学《蒋南翔纪念文集》编辑小组：《蒋
   南翔纪念文集》，北京，清华大学出版社，
   1990。

2. 方惠坚、郝维谦、宋廷章、陈秉中编著：《蒋
   南翔传》，北京，清华大学出版社，2005。

（蒋南翔校长部分照片由吴学昭女士提供。）

钱三强

（1913.10.16—1992.6.28）

浙江湖州市人。

物理学家。

中国科学院数学物理学部委员。

「两弹一星功勋奖章」获得者。

钱三强

1932 年考取清华大学物理系。1936 年在吴有训教授指导下，以优异的成绩完成了《在真空条件下钠的金属表面对真空程度的影响》的毕业论文。毕业后在北平研究院物理研究所作研究助理员。1937 年赴法国留学，在法国巴黎大学镭学研究所居里实验室伊莱娜·居里教授和法兰西学院原子核化学实验室弗莱德里克·约里奥教授领导下进行原子核物理的研究工作，一直到 1941 年。1940 年获法国国家物理学博士学位。1942 年转法国里昂大学物理研究所进行研究工作，并指导学生作毕业论文。1943 年至 1948 年作为法国国家科学研究中心的研究员和研究导师，在法兰西学院原子核化学实验室和巴黎大学镭学研究所居里实验室进行研究工作，并指导研究生。1946 年曾获法国科学院亨利·德巴维物理学奖金。

1948 年回国，任清华大学物理系教授，讲授原子核物理学，同时任北平研究院原子学研究所所长。1948 年 12 月清华园解放后，他继续任清华大学物理系教授，1949 年 11 月任物理系主任。1950 年后，历任中国科学院近代物理研究所副所长、所长，中国科学院计划局局长、学术秘书处秘书长，中国科学院副秘书长，原子能研究所所长，第二机械工业部副部长。1954 年加入中国共产党。1955 年被选为中国科学院数学物理学部委员。1978 年任中国科学院副院长兼浙江大学校长。还曾历任国务院学位委员会副主任委员，中国科协副主席，中国物理学会理事长，中国核学会名誉理事长，全国政协第一、六、七届常委。

钱三强是著名的原子核物理学家。他的主要科学成就有：

1938 年至 1939 年，曾与伊莱娜·居里合作，研究铀与钍受中子打击后，得到的镧（半衰期 3.5 小时）的同位素，它们的 β 射线谱是一样的，说明它们是同一放射性同位素，也就是铀与钍裂变后得到同样的裂变产物。这个实验在当时支持了对 1938 年年底发现的裂变现象的解释。

1946 年至 1947 年，曾与何泽慧、沙士戴勒、微聂隆合作，发现铀的三分裂和四分裂现象，约每三百个裂变中有一个三分裂，上万个裂变中有一个四分裂。约里奥教授认为，这个工作是第二次世界大战后三年中，他的实验室里第一个重要的工作。

1947年至1948年，他对三分裂现象给以合理的解释。他根据实验，用图解的方法，经过精细的计算，得出能量与角分布等关系，从实验和理论两个方面，对三分裂现象做了全面的、详尽的比较与论述。后来物理学界的实验进一步证明：从第三裂片的同位素质量谱、射程、发射角度都说明钱三强认为裂变前瞬间形哑铃状的核物质，其中间部分即形成第三裂片的观点符合新的实验证据，也与用电子计算机的计算结果相符合。钱三强的解释经过20多年的考验，已为各国物理学界所公认。

钱三强在法国学习和研究期间，取得了卓越的成绩。当他在1948年决定回国时，约里奥—居里夫妇在他的鉴定书上写道："我们可以毫不夸张地说，近十年来，在到我们实验室实习并在我们领导下工作的同一代科学家中，他是最优秀的。"

钱三强是我国原子能科学事业的创始人。1949年中国科学院成立时，即成立了新中国第一个核科学研究机构——中国科学院近代物理研究所（后改名为原子能研究所），他任副所长，从1951年起一直任该所所长（同时兼任清华大学物理系教授，后为名誉教授）。他和副所长王淦昌、彭桓武等一起，艰苦创业，自力更生建立起一批仪器设备，全面筹划提出发展我国核科学的第一个五年计划，明确以原子核物理研究为中心，同时进行放射化学、宇宙线、理论物理、电子学等领域的研究。并通过科研实践，有计划地培养人才。吸引了一大批有造诣、有理想、有奉献精神的核科学技术专家，从美国、英国、法国、德国、苏联、东欧和国内各大学、研究单位来到所里。作为所长，钱三强知人善任，精心组织，团结全所人员通力合作，攻克一个又一个理论和技术难关。1958年，我国第一个重水型原子反应堆和第一台回旋加速器先后建成；静电加速器、中子谱仪、零功率装置、磁镜型绝热压缩等离子体实验装置等近50台件重要仪器设备相继建成运行。以钱三强为首组建的这个基地，在我国核工业建设和发展过程中，起到了"老母鸡"的作用，在全国逐渐派生出

1

2

1. 1936年钱三强清华大学毕业照。

2. 1936年9月，钱三强在北平研究院物理研究所实验室做实验。

钱
三
强

一系列核科学研究机构，培养出大批日后成为核工业战线科研与生产主力军的优秀人才。1960年，钱三强又接受第二机械工业部党组的委托，在所内适时地组织对热核反应机理进行探索研究，为氢弹研制做了一定的理论准备。这是我国成为世界上从原子弹到氢弹发展速度最快的国家的一个重要原因。1999年在国庆50周年之际，中共中央、国务院、中央军委隆重表彰为研制"两弹一星"作出突出贡献的23位科技专家，并授予"两弹一星功勋奖章"，钱三强院士是其中一位。

钱三强还为中国科学院的组建和发展作出了重要贡献。他曾主持中国科学院计划局工作，与各方面科学家共同协商拟订研究工作方案，组织调查全国自然科学研究机构和全国科技力量及其分布情况。在此基础上，进行了科研机构调整，聘请知名学者为中国科学院科学顾问，争取国外学者回国等一系列重要工作，为确定中国科学院的办院方针和全院科学事业的发展提供了条件。此后，他长期参与中国科学院的领导工作（任副院长），为全院工作的决策，特别是组织和调动院内力量支持原子能事业的发展，加强学术领导，开展国际学术交流，恢复学部活动等方面，作出了重要贡献。

1992年6月28日钱三强在北京逝世，终年79岁。

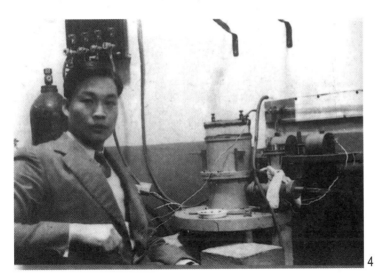

1. 1935年参加清华大学男子乒乓球队，获北平五大学表演赛冠军后同队友合影。左起：钱三强、王世真、屠双、曹岳维、徐舜寿、胡鹏飞、熊秉信、王务义、黄中孚（教师）。

2. 1937年1月31日，与清华学友返校时在图书馆前合影。前排左起：钱三强、王大珩、戴中扆、陈亚伦，后排左起：杨龙生、杨镇邦、谢毓章。

3. 清华大学物理系1936级毕业照。后排左起：钱三强、杨镇邦、陈亚伦、杨龙生、谢毓章，前排左起：王大珩、戴中扆、许孝慰、何泽慧、于光远。

4. 1941年，钱三强在巴黎法兰西学院核化学实验室用可变压力云雾室做实验。

钱三强

6

1. 钱三强同何泽慧在居里实验室云雾室设备上做三分裂和四分裂实验。

2. 1946年冬，钱三强在居里实验室用伊莱娜·居里的专用显微镜做原子核三分裂的实验分析。

3. 1946年在英国剑桥，钱三强出席国际基本粒子与低温会议，与夫人何泽慧在一起。

4. 1946年钱三强、何泽慧夫妇在巴黎莫东寓所前留影。

5. 1947年2月1日，钱三强就中国原子能科学发展致清华大学校长梅贻琦亲笔信。（清华大学档案馆保存）

6. 1952年6月，反细菌战国际科学调查团在平壤同金日成会见时合影。左2为廖承志，左3为钱三强，左7为李约瑟，右7为金日成。

7. 1948年回国前夕，钱三强与恩师约里奥-居里夫妇在巴黎合影。

7

钱
三
强

1

2

1. 1952年12月，钱三强与导师弗莱德里克·约里奥在维也纳世界和平大会上相遇。

2. 1962年，周恩来同志在中央领导招待首都科技工作者的晚宴上向钱三强（中）、周培源（右）敬酒。

3. 1956年4月，钱三强在苏联考察学习时在列宁格勒参观"阿芙乐尔"号舰后与赵忠尧（左）、何泽慧（右）合影。

4. 1953年3月，钱三强率中国科学院代表团访问苏联时在苏联科学院举行的欢迎宴会上。左立者为钱三强，左3为郭沫若。

3

4

5. 1964 年 10 月 16 日，中国第一颗原子弹爆炸时的烟云。

6. 1971 年春节，钱三强全家在陕西合阳干校住室里团聚。

7. 1973 年，钱三强、何泽慧夫妇共同撰写并修改《原子能发现史话》一文。

8. 1967 年 6 月 17 日，中国第一颗氢弹实验成功。

钱三强

1. 1978 年，钱三强（右1）在日内瓦参观丁肇中教授（右2）的研究工作并听取介绍。

2. 中国物理学界的两代精英。左起：钱三强、朱洪元、赵忠尧、周培源。

3. 1990 年8 月，江泽民同志同钱三强等科学家在中南海座谈并合影。前排左起：丁衡高、温家宝、朱光亚、唐敖庆、宋平、钱学森、江泽民、钱三强、王淦昌、乔石、宋健、屠扇澄等。

4. 1978 年钱三强（前排左4）出席中国物理学会在庐山召开的年会,与周培源、赵忠尧、王淦昌、裴丽生、王竹溪、彭桓武等合影。

3

4

钱
三
强

1

2

4

1. 1991 年 6 月 23 日，清华大学校长张孝文（左）看望钱三强。

2. 20 世纪 90 年代，何泽慧学长参加母校校庆时与王大中校长在甲所前合影。

3. 1988 年 11 月，钱三强与何泽慧携外孙女在北京中山公园。

4. 1999 年 9 月 18 日，中共中央、国务院、中央军委追授钱三强的"两弹一星功勋奖章"。

5. 晚年钱三强、何泽慧夫妇。

5

钱三强

清
风
华
影

1. 钱三强院士在会议上讲话。

2. 中国原子能科学事业的创始人钱三强。

3. 2010年12月24日，清华校友总会理事孙哲等到中关村家中看望钱三强夫人何泽慧。左起：张维院士之子张克澄、解红岩、何泽慧、孙哲、黄文辉。

参考文献

1. 葛能全：《钱三强传》，济南，山东友谊出版社，2003。

2. 王春江：《裂变之光——记钱三强》，北京，中国青年出版社，1990。

彭桓武

(1915.10.6—2007.2.28)

原籍湖北麻城。

物理学家。

中国科学院数学物理学部委员。

『两弹一星功勋奖章』获得者。

彭 桓 武

　　1935 年毕业于清华大学物理系，1935 年至 1937 年在清华研究院学习，师从中国理论物理奠基人之一周培源教授。1937 年在云南大学理化系任教，1938 年，23 岁的彭桓武考取中英庚款留学资格，来到爱丁堡大学，投师于德国理论物理学家、量子力学的奠基人之一马克斯·玻恩门下，从事固体物理、量子场论等理论研究。彭桓武是玻恩的第一个中国学生。在玻恩的指导下，彭桓武于 1940 年和 1945 年分别获爱丁堡大学哲学博士和科学博士学位。

　　1941 年 8 月后，他曾两度在诺贝尔物理学奖获得者薛定谔任所长的爱尔兰都柏林高等研究院理论物理研究所从事研究工作，1945 年秋任助理教授。他与海特勒教授发展相互作用量子场论和量子跃迁理论，并应用到核碰撞产生介子的过程和宇宙线粒子物理的研究。发展宇宙线介子理论，首次成功地解释了宇宙线的能量分布和空间分布，并以作者哈密顿、海特勒、彭桓武三人姓氏缩写简称为 HHP 介子理论。

　　1945 年，彭桓武与玻恩因为关于场的量子力学与统计力学的一系列探索性工作，共同获爱丁堡皇家学会的麦克杜加尔—布列兹班奖。1948 年，在薛定谔和海特勒的推荐下，彭桓武当选爱尔兰皇家科学院院士，时年 33 岁。当时，彭桓武已经回国，正执教于云南大学。直到中美建交后的 20 世纪 70 年代，彭桓武收到爱尔兰皇家科学院的院刊时，才知道自己 30 年前就已经是它的会员了。

　　1947 年年底，彭桓武抱着满腔的爱国热忱回到祖国后，任云南大学物理系教授，在中华人民共和国成立前夕，回到清华大学任教授，后兼课北京大学、中国科技大学，为新中国培养理论物理人才。多年以后，当有人问起彭桓武，当年已在英国学术界有了极高的声誉与地位，为何还要选择回国时，彭桓武说：回国是不需要理由的，不回国才需要理由。

　　1950 年 5 月 19 日，中国科学院近代物理研究所正式成立，彭桓武兼任近代物理研究所研究员、理论组组长，参加建所工作；1952 年 4 月，任中国科学院近代物理研究所副所长。1955 年选聘为中国科学院数学物理学部委员、常务委员。1961 年 4 月，任二机部九所副所长；1964 年 2 月，九所改为九院，任副院长。1972 年 11 月，调至中国科学院高能物理研究所任副所长。1978年6月，任中国科学院理论物理研究所第一任所长，4年后任名誉所长。

他还是第一至第三届全国人大代表，第五届全国政协委员。

从20世纪50年代中期开始，彭桓武领导并参加了原子弹、氢弹的原理突破和战略核武器的理论研究、设计工作。他在中子物理、辐射流体力学、凝聚态物理、爆轰物理等多种学科取得了对实践有重要指导意义的理论成果，并为中国核事业培养了一批优秀人才，发表了三十余篇有创造性的学术论文。1982年获国家自然科学奖一等奖，1985年获两项国家科技进步奖特等奖，1995年获何梁何利基金科学与技术成就奖，1999年获"两弹一星功勋奖章"。

为了表彰彭桓武院士在理论物理领域取得的诸多成就，以及他为推动中国科学研究特别是交叉科学研究事业发展作出的重大贡献，2006年6月13日，经国际天文学联合会小天体命名委员会批准，将我国科学家发现的、国际永久编号为第48798号的小行星，正式命名为"彭桓武星"。2005年6月11日，90岁高龄的彭桓武先生写下了将"'两弹一星功勋奖章'赠给国家一级的军事博物馆"的遗嘱，2008年6月在中国人民革命军事博物馆举行了隆重的捐赠仪式。

2007年2月28日，彭桓武在北京逝世，享年92岁。

1

2

1. 1935年彭桓武清华大学毕业照。

2. 彭桓武院士。

3. 1940年彭桓武在爱丁堡大学获得哲学博士学位。

彭桓武

3

清
风
华
影

1. 彭桓武（左1）留学期
间和朋友在街头骑自行
车游玩。
2. 1945 年彭桓武（右）与
薛定谔在都柏林。

3. 青年时代的彭桓武登高望远。

4. 彭桓武和夫人刘秉娴女士。

5. 1980年，彭桓武（前排右2）出席广州粒子物理会时与北京、新竹清华校友合影。

5

彭桓武

清
风
华
影

1. 20世纪70年代，彭桓武（右）
   与周光召在一起。

2. 1999 年 9 月 18 日，江泽民
   同志授予中国科学院理论物
   理研究所名誉所长彭桓武院
   士"两弹一星功勋奖章"。

3. 彭桓武（右）与杨振宁。

4. 2000 年年初，清华大学学习
   "两弹一星"精神，开展"我
   的事业在中国"主题教育活
   动，"两弹一星功勋奖章"
   获得者彭桓武院士（左2）、
   李觉将军（右2）到清华大
   学作报告，受到师生热烈欢
   迎。右1为清华大学党委书
   记贺美英，左1为党委副书
   记庄丽君。

3

4

1

2

1. 2001 年，彭桓武（2 排左 7）与两弹一星功勋科学家杨嘉墀（2 排左 6）、王希季（2 排左 4），以及邓稼先夫人许鹿希（3 排左 5）、赵九章女儿赵理曾（3 排左 1）等在清华。2 排左 1 为清华大学副校长顾秉林。

2. 2000 年，彭桓武（左）与何泽慧（中）、黄祖洽院士在中科院近代物理所旧址。

3. 彭桓武（右）与老友王大珩（左）、林家翘合影。

4. 彭桓武（中）与同事何祚麻（右）、庆承瑞在一起。

3

4

彭桓武

1. 彭桓武（左）与陈能宽院士交谈。

2. 2004年2月26日，彭桓武出席王大珩院士从事科技工作66周年暨90华诞庆祝活动。

3. "集体集体集集体　日新日新日日新"，面对各种荣誉，彭桓武这样写道。

4. 中国科学院路甬祥院长（左）2005年1月25日到家中慰问彭桓武院士。

5. 2005年6月3日，"世界物理年学术报告会"在清华大学举行。彭桓武院士（右）出席并作重要学术报告。左为何泽慧院士。

6. 2005年彭桓武90寿辰时，与物理学家周光召（左2）、黄祖洽（右2）、何泽慧（右1）聚谈。

4

5

6

1. 中国科协党组书记邓楠（右）向彭桓武颁发"彭桓武星"命名证书。

2. 晚年彭桓武先生在书房。

（彭桓武先生照片主要由中科院理论物理所提供。）

邓稼先

（1924.6.25—1986.7.29）

安徽怀宁人。

物理学家。

中国科学院数学物理学部委员。

『两弹一星功勋奖章』获得者。

邓稼先

出生于安徽省怀宁县一个书香门第，父亲邓以蛰是我国著名的美学家和美术史家，曾担任清华大学、北京大学哲学教授。1925 年，邓稼先随母亲来到北京，与父亲生活在清华园。他 5 岁入小学，在父亲指点下打下了很好的中西文化基础。

1935 年，邓稼先考入北平崇德中学，与比他高两班，且是清华大学院内邻居的杨振宁结为好友。他从青少年时代就立下把中国变为科技强国的夙愿，将个人的事业与民族的兴亡紧密相连。邓稼先在校园中深受爱国救亡运动的影响，"七七事变"后，全家滞留北京，他秘密参加抗日聚会。在父亲安排下，16 岁的邓稼先随大姐去了后方，在四川江津读完高中，并于 1941 年考入西南联合大学物理系，受业于王竹溪、郑华炽等著名教授。抗日战争胜利时，他拿到了毕业证书，在昆明参加了中国共产党的外围组织"民青"，投身于争取民主、反对国民党独裁统治的斗争。翌年，他回到北平，受聘担任了北京大学物理系助教，并在学生运动中担任了北京大学教职工联合会主席。

抱着学更多的本领以建设新中国之志，他于 1947 年通过了赴美研究生考试，于翌年秋进入美国印第安那州的普渡大学研究生院。由于他学习成绩突出，不足两年便读满学分，并通过博士论文答辩。此时他只有 26 岁，人称"娃娃博士"。

1950 年 8 月，邓稼先在美国获得博士学位九天后，便谢绝了恩师和同窗好友的挽留，毅然决定回国。同年 10 月，邓稼先来到中国科学院近代物理研究所任研究员。在北京外事部门的招待会上，有人问他带了什么回来。他说："带了几双眼下中国还不能生产的尼龙袜子送给父亲，还带了一脑袋关于原子核的知识。"1953 年，他与许鹿希女士结婚。许鹿希是五四运动重要学生领袖，后来担任全国人大常委会副委员长的许德珩的长女。1956 年，邓稼先加入了中国共产党。

1958 年秋，第二机械工业部副部长钱三强找到邓稼先，说"国家要放一个'大炮仗'"，征询他是否愿意参加这项必须严格保密的工作。邓稼先毫不犹豫地同意，回家对妻子只说自己要调动工作，不能再照顾家庭和孩子，通信也困难。从小受爱国思想熏陶的妻子明白，丈夫肯定是从事对国家有重大意义的工作，表示坚决支持。从此，邓稼先的名字便在刊物和对外联络中消失，他的身影只出现在严格警卫的深院和大漠戈壁。1959 年 6 月，苏联政府终止了原有协议，中共中央下决心自己动手，搞出原子弹、氢弹和人造卫星。邓稼先担任了原子弹的理论设计负责人后，部署同事们分头研究计算，自己也带头攻关。在遇到苏联专家留下的一个核爆大气压的数字时，邓稼先在周光召的帮助下以严谨的计算推翻了原有结论，从而解决了关系中国原子弹试验成败的关键性难题。数学家华罗庚后来称，这是"集世界数学难题之大成"的成果。

2

1964 年 10 月，中国成功爆炸的第一颗原子弹，就是由他最后签字确定了设计方案。他还率领研究人员在试验后迅速进入爆炸现场采样，以证实效果。他还同于敏等人投入对氢弹的研究。按照"邓—于方案"，最后终于制成了氢弹，并于原子弹爆炸后的两年零八个月试验成功。这同法国用 8 年、美国用 7 年、苏联用 10 年的时间相比，创造了世界上速度最快的奇迹。

1972 年，邓稼先担任第九研究院副院长，1979 年任院长。1984 年，他在大漠深处指挥中国第二代新式核武器试验成功。翌年，他的癌细胞扩散已无法挽救，他在国庆节提出的要求就是去看看天安门。1986 年 7 月 16 日，国务院授予他全国"五一"劳

1

1. 邓稼先学位照。

2. 邓稼先的父亲——20 世纪 30 年代清华大学哲学系教授邓以蛰。

邓稼先

动奖章。同年7月29日，邓稼先去世。他临终前留下的话仍是如何在尖端武器方面努力，并叮咛："不要让人家把我们落得太远……"

邓稼先还曾任国防科工委科技委副主任，核工业部科技委副主任等职。中共第十二届中央委员。1980年当选为中国科学院数学物理学部委员，1982年获国家自然科学奖一等奖，1985年获两项国家科技进步奖特等奖，1986年获全国劳动模范称号，1987年和1989年各获一项国家科技进步奖特等奖。1999年被追授"两弹一星功勋奖章"。张爱萍将军曾为邓稼先亲笔题字："两弹元勋邓稼先。"

1. 邓稼先10岁时与姐弟合影。左起：大姐邓仲先、三姐邓茂先、小弟邓槜先、邓稼先。

2. 1949年，邓稼先（中）与好友杨振宁（左）、杨振平兄弟摄于美国芝加哥大学。

3. 邓稼先和夫人许鹿希及一双儿女。

4. 1962年邓稼先与岳父一家。中排右为岳父许德珩、左为岳母劳君展，后排右起：夫人许鹿希、邓稼先、内弟许中明、许中明夫人齐淑文。

5. 1967年，邓稼先在新疆核试验场区考察地形。右1刘柏罗、右2邓稼先、右4郭永怀、右5彭桓武、右6王淦昌。

邓稼先

清风华影

1

2

1. 1979年，邓稼先（左）、赵敬璞在新疆戈壁滩核试验基地。

2. 1974年，黄昆、邓稼先、黄宛、周光召、杨振宁（从左至右）游览北京颐和园。

3. 邓稼先（右2）与杨振宁（右3）、周光召（右1）等好友在一起。

4. 1984年，突破中子弹后，邓稼先、许鹿希夫妇的纪念照。

5. 工作中的邓稼先。

6. 由于身体受到大剂量放射性物质伤害，1985年8月，邓稼先被确诊为直肠癌，住进了北京301医院。

3

邓稼先

清风华影

1. 1986年6月，杨振宁（右1）到医院看望病中的邓稼先（右2）。

2. 谈起自己的工作，邓稼先充满了自豪感。

3. 2001年，邓稼先夫人许鹿希与清华"两弹一星功勋奖章"获得者校友及校友家属受邀回清华时留影。前排右起：赵九章女儿赵理曾、许鹿希、郭永怀夫人李佩、彭桓武。

4. 1986 年 6 月 24 日，《解放军报》刊载长篇报道，介绍了两弹元勋邓稼先为研制两弹，与夫人许鹿希分别 28 年，隐姓埋名，艰苦创业，谱写"精忠报国"新曲的感人事迹。报纸下面手稿是邓稼先去世后，杨振宁发给邓稼先夫人许鹿希的慰问电。

5. 2004 年，清华大学校务委员会副主任叶宏开看望邓稼先夫人许鹿希，许鹿希向叶宏开展示邓稼先的有关资料。

邓稼先

1

1. 邓稼先用过的书房中现摆放着邓稼先铜像，悬挂着张爱萍将军题字：两弹元勋邓稼先。

参考文献

葛康同、邓仲先、邓橹先、许鹿希：《两弹元勋邓稼先》，北京，新华出版社，1992。

后　记

　　2011年4月,清华大学迎来她的100周年华诞。百年学府,中华骄傲,祖国之光;百年学府,兴业之士,荟萃一堂;百年学府,文史巨匠,科技泰斗,清华园里竞芬芳。为向世人展现老一代清华名师大家的风采,我们编辑了《清风华影》一书,作为向母校百年校庆的献礼。

　　作为一本清华名师大家照片集,本书收录了百年清华在社会的政治、经济、科学、教育、文化事业中有重要影响的已故知名校友40人的照片共计900余幅,每人配以2000字左右的小传,按人物出生先后次序编排。本书照片大多是清华校友总会《清华校友通讯》编辑部资料室多年来收集整理的资料照片,也有相当部分是校友亲属为本书专门提供的。

　　特别值得一提的是,本书的编辑得到了众多校友亲属的大力支持和帮助。赵新那女士收到征稿函后,亲自用计算机扫描并通过电子邮件将父亲赵元任先生的多幅珍贵照片发送给我们。梅贻琦校长儿媳刘自强教授、吴宓先生女儿吴学昭女士在我们上门拜访搜集资料时,热情接待了我们,并为我们提供了极大的便利。潘光旦先生的女儿潘乃穆教授接到我们的约稿电话后,79岁高龄的她亲自来到《清华校友通讯》编辑部送来了父亲的照片。远在美国的杨廷宝先生的儿子杨士萱教授通过电子邮件多次和我们联系,仔细核对人物小传里的史实。还有周诒春先生外孙女李之清女士、吴有训先生之孙吴军先生、梅汝璈先生之子梅小璈先生、吴晗先生外甥女吴平女士、华罗庚先生女儿华苏女士等都为整理照片花费了不少时间和精力。在此,我们向他们表示最诚挚的谢意!

　　本书还邀请到我国著名植物学家、国家最高科技奖获得者、清华大学1937届校友吴征镒院士作序。吴征镒先生今年已96岁高龄,他和书中的许多人物都曾是同事、好友,过从甚密。能有机会聆听吴先生讲述他们当年的故事,是我们这些晚辈后学极大的荣幸。

由于书籍篇幅和我们积累资料的局限，书中所选的 40 位校友只是清华众多知名校友中的一部分，在此谨向未能入选的校友家属表示歉意，今后有机会再编辑出版续集。

最后，感谢清华大学出版社为本书出版提供的大力支持，感谢清华校友陆卫东及其康文伟义为本书提供的精心设计，感谢郭春玲女士为整理和扫描照片付出的辛勤劳动。

编　者

2011 年 4 月

454